PARCOURS JEUNES ET FLS

u Ottawa

Les Presses de l'Université d'Ottawa (PUO) sont fières d'être la plus ancienne maison d'édition universitaire francophone au Canada et le seul éditeur universitaire bilingue en Amérique du Nord. Fidèles à leur mandat original, qui vise à « enrichir la vie intellectuelle et culturelle », les PUO proposent des livres de qualité pour le lecteur érudit. Les PUO publient des ouvrages en français et en anglais dans les domaines des arts et lettres et des sciences sociales.

Les PUO reconnaissent l'aide financière du gouvernement du Canada. Elles reconnaissent également l'appui du Conseil des arts du Canada, du Conseil des arts de l'Ontario et de la Fédération canadienne des sciences humaines par l'intermédiaire des Prix d'auteurs pour l'édition savante. Nous reconnaissons également avec gratitude le soutien de l'Université d'Ottawa.

Catalogage avant publication de Bibliothèque et Archives Canada

Ambrosio, Laura, 1957-, auteur
      Parcours jeunes et FLS : activités pédagogiques en français langue seconde, niveaux B2-C1 du CECR / Laura Ambrosio, Miriam Hatabi.

ISBN 978-2-7603-2410-7 (couverture souple)

      1. Français (Langue)--Étude et enseignement--Allophones.
2. Français (Langue)--Français parlé--Étude et enseignement.
I. Hatabi, Miriam, 1993-, auteur II. Titre.

PC2127.8.A43 2016   448.2'4   C2016-908066-8

Comprend matériel multimédia (CD et DVD)

Dépôt légal :
Bibliothèque et Archives Canada
© Les Presses de l'Université d'Ottawa, 2016

Laura Ambrosio et Miriam Hatabi

Parcours jeunes et FLS

Les Presses de l'Université d'Ottawa
2016

Remerciements

Production des reportages : Programme Journalisme et médias, La Cité collégiale, Ottawa, Ontario, Canada

Mama Afou; Jérémie Bergeron; Jérôme Bergeron; Olivier Caron; Krystel Chauret; Audrey Clément-Robert; Mario De Ciccio; Meghann Dionne; Chloé Dupuis; Nina Guy; Geena Hamelin; Ivana Leba; Vicky Lefebvre; Sophie Marcotte; Amélie Richard; Edward Roué; Andy St-André; Sébastien St-Onge.

Supervision de la production des reportages :

Daniel Tremblay, professeur, directeur Programme Journalisme et médias, La Cité collégiale, Ottawa, Ontario, Canada

Enregistrement Capsules Audio Quartet discute :

Raphaël Corriveau; Miriam Hatabi; Jesse Leonard; Myriam Nolet.

Textes supplémentaires :

Johanne Adam; Yanick Barrette; Sophie Bartczak; Martin Brunette; Jean-Philippe Cipriani; Louis de Melo et Mike Foster; Laura Eggertson; Brandon Gillet; Rhea Laube; Elizabeth McSheffrey; Valérie Péronnet; Margaux Rambert; Linda Scales; Aida Stratas; Louise Umutoni, Bruno de Chergé.

Image de la couverture :

« Jeux de vagues », Agostino Ambrosio © Sigma Flickr Collection

Entente de collaboration :

Richard Clément, directeur de l'Institut des langues officielles et du bilinguisme et doyen associé de la Faculté des arts de l'Université d'Ottawa, et

Marc Bissonnette, directeur, Programme des médias, La Cité collégiale.

Assistantes de production, réalisation et conception graphique :

Virginie C. Dubois et Mélanie Cossette

Aide à la transcription des enregistrements :

Annabelle Briand

Révision linguistique :

Danielle Chassé

Support audiovisuel :

Daniel Tremblay, La Cité collégiale, et

Michael McLaughlin, Université d'Ottawa

Remerciements pour appui financier et réalisation du projet :

Cabinet de la Vice-rectrice associée aux études, Université d'Ottawa

La direction et les collègues de l'Institut des langues officielles et du bilinguisme

L'apprentissage des habiletés réceptives d'une langue seconde est largement influencé par l'authenticité, l'intérêt, la pertinence et l'adaptabilité des documents choisis, en ligne ou existant sur un support plus traditionnel. Cet ouvrage est un exemple et un reflet authentique de la vitalité, de la vigueur et de la richesse des communautés francophones en situation minoritaire. L'accueil enthousiaste que lui ont réservé les étudiants ayant contribué à la réalisation de *Parcours jeunes et FLS* nous permet de croire que cet ouvrage représente un éventail actuel des mondes culturel, social, intellectuel, économique et professionnel des jeunes d'aujourd'hui. Les sujets traités sont bien ancrés dans la réalité et l'actualité franco-ontariennes, même si les thématiques choisies par les jeunes sont transférables dans le contexte plus général de la francophonie internationale.

Cet ouvrage s'adresse aux didacticiens du français langue seconde. Il propose des activités d'apprentissage du FLS de niveau intermédiaire ou avancé (B2-C1), dans des contextes d'études secondaires avancées, postsecondaires ou auprès d'institutions offrant un encadrement d'apprentissage linguistique à des adultes ou des jeunes adultes.

Tout en respectant les niveaux de compétence ciblés et afin de laisser une certaine flexibilité aux utilisateurs du manuel, nous avons regroupé le contenu de ce recueil en proposant, d'une part, neuf unités indépendantes, rassemblant thématiquement des reportages, des activités de compréhension orale ou écrite et en suggérant, d'autre part, des pistes d'exploitation et de réinvestissement par des tâches fictives ou authentiquement réalisables.

Les unités du manuel comportent des activités pédagogiques basées sur :

- des expériences vécues par les jeunes;
- des reportages et des témoignages réalisés par des jeunes;
- un contenu valorisant l'identité franco-ontarienne;
- des textes complémentaires sur des thématiques universelles rattachées au parcours des jeunes;
- un encadrement de contenu qui reflète les tendances et les approches didactiques à l'avant-garde dans l'enseignement des langues (approche actionnelle, activités communicatives, contenu authentique);
- des activités pédagogiques centrées sur le savoir, le savoir-faire et le savoir-être des jeunes.

Sur le DVD qui accompagne le recueil, 18 reportages sont regroupés de façon binaire dans les dossiers A et B de chaque unité et selon leur thématique.

Le CD comporte neuf enregistrements de « Quartet discute », c'est-à-dire des discussions spontanées, orientées autour des thèmes de films présentés dans le recueil et nourries par des commentaires issus du visionnement de films francophones.

L'exploitation adéquate de ces outils est tributaire de l'emploi privilégié ou non qu'en font les didacticiens et praticiens en enseignement, en fonction de leurs intentions de représentations socioculturelles et identitaires.

Il y a donc beaucoup d'indépendance entre les unités et entre les activités au sein d'une même unité, même si l'on peut suivre aisément un fil conducteur pour l'enseignement et l'apprentissage par des activités et des tâches langagières communicatives qui correspondent aux compétences ciblées par les descripteurs des niveaux B2-C1 du CECRL.

Cet ouvrage est le résultat d'une collaboration soutenue entre plusieurs personnes qui ont contribué à sa réalisation. Tout d'abord, nous désirons remercier les étudiants en journalisme de La Cité collégiale qui ont produit les reportages et qui ont accepté de partager leur talent et le fruit de leurs études et de leur travail. Il est impératif de souligner la contribution de leur professeur en journalisme des médias, Daniel Tremblay, qui a su susciter la passion pour cette profession auprès des étudiants.

D'autres jeunes — et moins jeunes — ont travaillé dans l'ombre à la production, aux enregistrements, aux transcriptions, à la mise en page et à la révision. À tous, nos plus chaleureux remerciements pour avoir collaboré à la conception de Parcours jeunes et FLS.

Nos remerciements à l'équipe des Presses de l'Université d'Ottawa de nous avoir encouragées à soumettre notre recueil pour publication dans leur collection.

Les auteures,
Laura Ambrosio et Miriam Hatabi

Laura Ambrosio, EAO, MA Ed.

Professeure de français langue seconde à l'Institut des langues officielles et du bilinguisme (ILOB) à l'Université d'Ottawa, son mandat principal est l'enseignement du FLS et des cours de didactique des langues secondes. Ses champs d'intérêt et de recherche englobent à la fois des aspects théoriques et pratiques rattachés à l'apprentissage et à l'enseignement des langues. Évaluatrice et formatrice accréditée pour les diplômes DELF/DALF (Diplôme d'études en langue française et Diplôme approfondi de langue française), en plus de contribuer à l'élaboration de matériel pédagogique dans son enseignement et sa recherche, elle privilégie l'apprentissage en milieu communautaire et la diffusion des programmes d'enseignement des langues internationales au Canada, en ce qui concerne les approches multilingues et pluriculturelles privilégiées par le Centre européen des langues vivantes (CELV), organisme rattaché au Conseil de l'Europe. Pendant six ans, elle a assuré la coordination de formations estivales pour enseignants de FLS et, pendant un an, la direction des Études de premier cycle de l'ILOB.

Miriam Hatabi, B.Sc.Soc. – B.A., Université d'Ottawa

Miriam a grandi dans la Vallée de la Matapédia, dans l'Est-du-Québec. Ses études à l'École d'études politiques de l'Université d'Ottawa l'ont portée à s'intéresser aux enjeux linguistiques et identitaires à l'international comme au Canada. Ses études en traduction trilingue à l'École de traduction et d'interprétation de l'Université d'Ottawa ainsi que son rôle de mentor de français langue seconde à l'ILOB lui ont permis d'approfondir ses connaissances du français et de ses particularités. Miriam a reçu de nombreux prix valorisant son parcours universitaire, entre autres, la Bourse de mentorat CIBC 2015-2016.

GUIDE D'APPRENTISSAGE

Films suggérés	À L'AFFICHE – QUARTET DISCUTE DU FILM…	CARAP
Comme un chef *Ratatouille* *La cuisine au beurre* *L'aile ou la cuisse* *Chocolat* *Le festin de Babette*	*Les saveurs du palais*	S 6.3.1 S 6.3.4 S 7.7.4.2
Hippocrate *Le confident de ces dames* *Le malade imaginaire* *Oscar et la dame rose* *Les intouchables* *Amour*	*Hippocrate*	S 1.1 S 1.4.1 S 1.5.1
Être ou avoir *Monsieur Lazhar* *Bienvenue chez les Ch'tis*	*La Grande Séduction*	K 5.6.1 K 6.1.1 K 6.9.3
La Famille Bélier *Babine* *Gabrielle* *En solitaire* *Le Bossu de Notre-Dame* *Paul à Québec*	*La Famille Bélier*	A 10 A 10.2 A 11
Qu'est-ce qu'on a fait au Bon Dieu? *Persépolis* *Des hommes et des Dieux* *Laurence Anyways* *Le placard* *La belle et la bête*	*Qu'est-ce qu'on a fait au Bon Dieu?*	A 8.1 A 8.6 A 11
Amélie Poulain *Il est minuit Dr Schweitzer* *Le soleil sous les nuages*	*La tête en friche*	K 11.1.2.1 K 11.3.4 K 12.4
Trois hommes et un couffin *La grande vadrouille* *Joyeux Noël*	*Couleur de peau : miel*	K 3.5.1 K 5.6 K 6.10
Sous les étoiles *Mommy* *Monsieur Vincent*	*Le Havre*	A 4.4 A 6.5 A 17.2
La Pirogue *Deux jours, une nuit* *Ma part du gâteau*	*La Pirogue*	A 6.5 A 6.5.1 A 6.5.2

UNITÉ 1

LA BOUFFE, EN MAL ET EN BIEN

L'alimentation : choix, cultures, richesses et contraintes

> « Dis-moi ce que tu manges et je te dirai qui tu es… » (Anonyme)

PRÉACTIVITÉ, SAVOIR-FAIRE — ACTES DE PAROLE : LEXIQUE

Activité 1

a) En petits groupes, donnez une ou plusieurs explications à la phrase d'ouverture de l'unité 1 ainsi qu'à son titre. Partagez les idées et les réalités que ces mots évoquent dans votre quotidien. Regroupez vos idées selon trois orientations différentes.
Par exemple :

La nourriture	Une période de la vie	L'environnement

b) Le dicton en rubrique de l'unité est une libre interprétation d'autres dictons, citations courantes dans le langage partagé par plusieurs peuples et plusieurs communautés. La deuxième activité consistera à reconstruire d'autres dictons, proverbes ou façon de s'exprimer qui soient proches, dans leur sens, de l'idée évoquée plus haut.

Activité d'expression – Reconnaissance de domaines et de contextes d'interactions

Cherchez dans le dictionnaire un adjectif et un verbe qui accompagneraient les mots suivants :

Mots proposés	Adjectifs	Verbes
La bouffe		
Le carnivore		
Le crudivore		
La germination		
Le guide		
La racine		
L'engourdissement		
La transgénération		
Le végétalisme		
Le végétarisme		

PRÉACTIVITÉ, REMUE-MÉNINGES, ACTE DE PAROLE : DÉBAT

Mise en contexte : Travaillez en équipe (A et B)

> « Quand un homme a faim, mieux vaut lui apprendre à pêcher que de lui donner un poisson » Confucius

Comment interprétez-vous cette phrase?

Équipe A :
>Vous êtes fortement convaincus de cette vérité. Défendez-en sa sagesse et son actualité en donnant des raisons et des exemples.

Équipe B :
>Vous considérez qu'elle ressemble à une phrase tirée d'une fable ancienne et qu'elle n'a plus aucune pertinence dans la société moderne. Prouvez-le au moyen d'une argumentation soutenue.

Toujours en équipe, construisez une mosaïque de besoins essentiels en vous basant sur l'opinion exprimée en début d'activité. Associez à chacun des besoins les ressources disponibles et nécessaires pour les combler.

Comparez vos réponses avec celles de l'autre équipe et établissez un premier ensemble de priorités qui englobent les points de vue communs. Ensuite, construisez une autre représentation graphique pour regrouper les autres priorités signalées.

Quels sont les éléments communs de vos échanges? Où s'inscrivent-ils dans la pyramide de Maslow? Quels liens faites-vous entre les différents échelons de cette pyramide et la capacité de se nourrir adéquatement?

DOSSIER A — SAVOIR-FAIRE : COMPRÉHENSION ORALE, DISCUSSION — PARTAGE

« QUI L'EÛT CRU »
Reportage : Chloé Dupuis – La Cité collégiale, Ottawa

Étape 1 : Premier visionnement avec accompagnement sonore

Compréhension orale

Répondez aux cinq questions suivantes :
1) Pourquoi Marie-Claude considère-t-elle important de manger des aliments crus?
2) Quelles sont les contraintes et les limites d'une alimentation végétalienne?
3) Comment Marie-Claude décrit-elle les bienfaits de ses choix alimentaires?
4) Pourquoi est-il question d'environnement et de spiritualité dans ce reportage?
5) Quelle est la différence entre les végétaliens et les végétariens?

Sondage et discussion en petits groupes
Mise en contexte

Pendant une période déterminée, vous avez l'obligation de suivre un régime alimentaire en prévision d'une importante compétition sportive.

Estimez, selon le sport que vous aurez choisi, comment et pendant combien de temps vous vous astreindrez à surveiller votre alimentation. Déterminez et justifiez les facteurs suivants :

- la durée de votre régime;
- l'apport calorique dont vous aurez besoin;
- les sources de votre alimentation (quantité, qualité, fréquence de consommation).

Établissez un menu journalier en vous guidant sur des conseils suggérés par les diététiciens et nutritionnistes sportifs.

Consultez aussi les guides alimentaires prévus pour votre groupe d'âge. Trouvez au moins deux sources d'information différentes, mais fiables, que vous incorporerez à votre justification et à l'exposé de votre régime.

Parmi les sites proposés en consultation :

- Le site du ministère de la Santé du Canada
- Le site de l'émission de Radio-Canada « Bien dans son assiette »
- La série *Je vais à Rio* pour suivre des athlètes qui se préparent à des compétitions olympiques

COMPRÉHENSION GÉNÉRALE DE L'ÉCRIT : DÉTAIL, COMPLEXITÉ, REFORMULATION

Texte 1 : « LE RETOUR DU FRUIXI : LA LUTTE AUX MARÉCAGES ALIMENTAIRES » DE CHUMAGAZINE

Avez-vous remarqué le retour depuis quelques semaines des vélos fruixi sur les parvis du CHUM? Avec leur cargaison colorée de fruits et de légumes de saison, récoltés à proximité de Montréal, ces marchés sur roues ont tout pour mettre l'eau à la bouche. Les employés et les patients du CHUM sont d'ailleurs nombreux à se laisser tenter par une pause saveur bien méritée.

Pourquoi résister, en effet, devant tous les bienfaits santé des fruits et des légumes? En plus d'aider au maintien d'un poids santé, manger des fruits et des légumes chaque jour contribue à réduire les risques d'apparition de maladies cardiovasculaires et de certains types de cancer. Ces bienfaits devraient pousser une majorité de Québécois à mettre les fruits et les légumes à l'honneur dans leur assiette.

Dans les faits, deux Montréalais sur trois ne consomment même pas le minimum recommandé de cinq portions de fruits ou de légumes par jour. Comment expliquer cette situation? Entre autres par les difficultés vécues par certains résidents de l'île pour accéder à des aliments sains. En 2006, une étude montrait que 40 % de la population de l'Est et des quartiers centraux de Montréal n'avait pas accès à une offre adéquate en fruits et légumes à distance de marche, c'est-à-dire à moins de 500 mètres. Les résidents de ces quartiers – qui, pour la plupart, n'ont pas de voiture – doivent donc le plus souvent se tourner vers les dépanneurs pour répondre à leurs besoins.

Comme l'explique M. Jean-Philippe Vermette, directeur du Marché Solidaire Frontenac, c'est de ce constat que sont nés les vélos Fruixi : « On a décidé de mettre Fruixi sur pied parce que notre quartier est situé dans ce qu'on appelle maintenant un marécage alimentaire, c'est-à-dire une zone où l'offre alimentaire n'est pas bonne. En effet, 73 % de l'offre alimentaire du quartier Centre-Sud vient des dépanneurs, et les fruits et les légumes qu'on y trouve sont souvent de mauvaise qualité. En plus, leur prix est très élevé parce qu'ils ne sont pas aussi populaires que certains autres produits ».

Avec Fruixi, des aliments de qualité et à prix raisonnable circulent dans les rues et les parcs du quartier Centre-Sud. Il est même possible d'offrir à certaines personnes à faible revenu des fruits et des légumes au prix coûtant : « Pendant certains événements, par exemple les Picnik Électronik et le festival Juste pour Rire, une marge de profit est réalisée – marge moins grande que celle de la plupart des supermarchés – ce qui nous permet de vendre dans les HLM au prix coûtant. »

423 mots

Préactivité, Savoir-faire — Actes de parole : Lexique

Détails. Donnez une définition des expressions suivantes utilisées dans le texte.

Expression	Définition
Les vélos Fruixi	
Naître d'un constat	
Une pause saveur	
Un marécage alimentaire	
Mettre à l'honneur dans son assiette	
Le prix coûtant	
L'accès à des aliments sains	
Les HLM	
Une distance de marche	
Une cargaison colorée	

Complexité : réemployez ces expressions dans un contexte différent de celui du texte. Utilisez deux expressions dans une même phrase.

a) _____

b) _____

c) _____

d) _____

e) _____

Découvrir, reformuler, raconter pour comprendre les autres

Mise en contexte

Dans le reportage, il est question de choix alimentaires draconiens qui favorisent une meilleure santé. Toutefois, bien manger peut coûter cher et la fraîcheur ainsi que la variété des aliments ne sont pas toujours accessibles à toutes les bourses. Certains facteurs climatiques sont aussi des obstacles à l'accès à une nourriture saine. Dans le monde, la sous-alimentation et la malnutrition sont deux fléaux qui existent toujours, malgré ou à cause de la mondialisation des marchés. Certains disent que la terre ne suffit plus à nourrir l'humanité. D'autres prétendent le contraire.

Acte de parole (1) : Hier, aujourd'hui et demain

Cherchez quelles sont les organisations, gouvernementales ou non, dont le mandat est la gestion des ressources agricoles d'un pays ou encore qui s'occupent de la distribution des biens de la terre. Par exemple, en 2015, le Bureau international des expositions (BIE) a organisé une exposition universelle de 184 jours à Milan, en Italie. Le thème était : « Nourrir la planète, énergie pour la vie ». Cette exposition a rassemblé plus de 133 pays, dont chacun proposait une thématique particulière et a attiré plus de 20 millions de visiteurs du monde entier.

D'après le protocole du BIE, une exposition universelle « est une manifestation qui, quelle que soit sa dénomination, a un but principal d'enseignement pour le public, faisant l'inventaire des moyens dont dispose l'[H]omme pour satisfaire les besoins d'une civilisation et faisant ressortir dans une ou plusieurs branches de l'activité humaine les progrès réalisés ou les perspectives d'avenir ».

ACTE DE PAROLE (2) : DÉCOUVERTE

Visitez les pavillons de l'EXPO 2015, ou trouvez deux articles ou textes traitant du sujet de l'alimentation et de la surpopulation. Vérifiez que les informations recueillies ou les textes choisis présentent deux points de vue opposés. Relevez les arguments du pour et du contre et, selon vos lectures, prenez position. Discutez-en avec vos collègues.
Pour vos recherches, plusieurs sources peuvent être consultées. Outre celle de l'EXPO 2015, nous vous invitons à consulter les suivantes : celles célébrant le 16 octobre, Journée mondiale de l'alimentation sur le site de l'Organisation des Nations Unies pour l'agriculture et l'alimentation; le site de l'association « Générations nutrition »; le site de l'association « Action contre la faim »; d'autres sources qui analysent le côté plus scientifique du phénomène de la surpopulation, dont par exemple, la revue *Sciences et Vie*.

ACTE DE PAROLE (3) : TÂCHE AUTHENTIQUE

Mise en contexte
Sur le site de Santé Canada, consultez le Guide alimentaire canadien « Bien manger ». Découvrez aussi, sur le même site, le guide destiné aux Premières Nations, Inuits et Métis. Faites une liste d'éléments nouveaux et donnez les raisons pour lesquelles le site présente des sections, des conseils et des recommandations distinctes. Relevez cinq questions et réponses de la section « Foire aux questions ». En discutant et partageant avec vos collègues, exprimez votre opinion sur ce que vous avez appris et ce qui vous a le plus surpris.

Prenez la plume

Imaginez maintenant que vous vous préparez à une expédition au Nunavik. « Le Nunavik se trouve dans la région arctique du Québec : un vaste territoire vierge situé au nord du 55e parallèle, bordé à l'ouest par la Baie d'Hudson, au nord par le Détroit d'Hudson et à l'est par la Baie d'Ungava et le Labrador. Il s'agit de 507 000 km^2 de vraie toundra sauvage, de forêts boréales, de montagnes spectaculaires, de rivières majestueuses et d'innombrables lacs. Les Inuits, les Naskapis et les Cris habitent ce territoire. »

Écrivez une lettre à vos coéquipiers d'excursion et parlez-leur de ce que vous pensez apporter comme nourriture, ce que vous pourrez trouver sur place, ce que vous devriez éviter. Soyez réaliste, question budget, poids et transport, respect de la santé et des traditions locales. N'oubliez pas que parmi vos coéquipiers, il y a des gens d'âges différents, des végétaliens et des végétariens et peut-être des personnes qui souffrent d'allergies alimentaires.

Genre de texte : informatif, descriptif et impératif. Bon voyage!

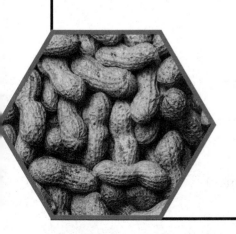

PRÉACTIVITÉ, SAVOIR-FAIRE — ACTES DE PAROLE : LEXIQUE

Visionnez le deuxième reportage de l'unité 1.

« PEUT CONTENIR DES TRACES DE... »
Reportage : Vicky Lefebvre – La Cité collégiale, Gatineau

Avec les mots du tableau ci-dessous, retracez l'essentiel du reportage et ajoutez des informations relatives à des situations réelles dont vous avez déjà été témoin.

Tableau 1

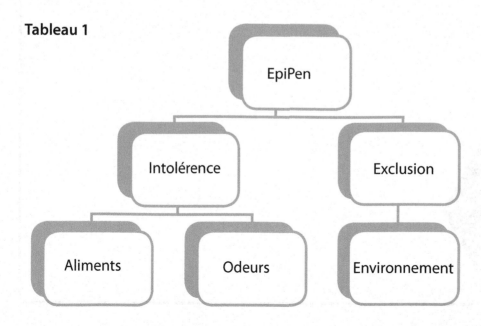

Unité 1 : La bouffe, en mal et en bien

Savoir-faire : compréhension et écriture

Augmentez l'organigramme présenté au bas de la page précédente. Ajoutez des éléments lexicaux de nature adjectivale ou verbale.

Rédigez deux courts paragraphes qui reprennent le contenu du reportage en utilisant le vocabulaire identifié. Comptez environ 50 mots par paragraphe.

Compréhension générale de l'écrit : détail, complexité, reformulation

Lisez l'article suivant. Notez dans les marges un ou deux mots qui vous semblent plus importants.

Texte 2 : « Une professeure de l'Université d'Ottawa parle de politiques en matière de pêche lors de la table ronde Pensez l'alimentation durable » d'Elizabeth McSheffrey

Donnez un poisson à une personne et vous la nourrirez pour une journée; enseignez à cette personne à pêcher et bientôt il n'y aura plus de poissons dans les océans. Cette déformation du dicton traditionnel rend compte de l'état actuel de l'industrie mondiale de la pêche et est un puissant élément de motivation à la base du travail de la professeure de développement international de l'Université d'Ottawa, Melissa Marschke.

« Nous avons constaté une augmentation considérable de la consommation humaine de poisson », déclare Mme Marschke, qui étudie depuis 12 ans la relation délicate entre la gestion des ressources et la pêche comme moyen de subsistance au Cambodge, où cette activité assure pour un grand nombre de foyers la sécurité alimentaire et un emploi. « Depuis les années 1960, la consommation de poisson est passée de 22 livres par personne par année à 38 livres par personne par année », souligne Mme Marschke.

Combinée à la pénurie mondiale de poisson, l'augmentation de la demande pourrait avoir des conséquences désastreuses pour les communautés qui dépendent de cette ressource. Une étude du Programme des Nations Unies pour l'environnement (PNUE) a indiqué que 80 % des principales espèces pêchées dans le monde sont exploitées au-delà de leur capacité ou tout près de la limite. Si les tendances actuelles se maintiennent, toutes les espèces que nous mangeons disparaîtront d'ici 2048.

Le 15 novembre, Mme Marschke a participé à la table ronde Pensez alimentation durable, qui a porté sur les pratiques alimentaires durables, dont la pêche.

Comme beaucoup de nos grandes espèces de poisson sont surpêchées, Mme Marschke croit qu'il est aussi temps pour le Canada d'adopter ses propres politiques de pêche durable.

« Nous devons faire pression sur le gouvernement pour qu'il fixe des quotas et surveille la consommation de poissons, dit-elle. Nous devons prendre des décisions de consommation plus éclairées, fondées sur la provenance du poisson. » Toutefois, faire des choix durables pourrait être plus difficile qu'il n'y paraît. « Ce n'est pas aussi simple que de se tourner vers les produits biologiques ou d'appuyer les agriculteurs locaux, indique Mme Marschke. Ce sont des pièces du casse-tête, mais il faut se pencher sur les politiques agricoles aux échelles nationale et mondiale. Les consommateurs doivent examiner de quelle façon les iniquités se produisent. »

374 mots

SYNTHÉTISER, RELEVER DES INFORMATIONS, FORMULER DES ARGUMENTS

Répondez aux questions de compréhension suivantes :

- Dans le texte, il est question de « relations délicates ». Selon vous, que veut dire l'auteure de l'article?

  _____

- Quels mots dans l'article nous parlent des capacités d'une population à se nourrir?

  _____

- Il est question de grandes problématiques et d'équilibre. Cherchez dans le texte les mots qui vous permettent de préciser cette idée.

  _____

- Que veut dire l'expression « exploiter au-delà de la capacité »? Pouvez-vous donner un exemple tiré d'un autre contexte?

  _____

- Les poissons nagent et se déplacent. En quel sens faut-il interpréter la nécessité de prendre des décisions en fonction de la provenance du poisson?

  _____

ÉCOUTEZ L'ENREGISTREMENT DU CD « À L'AFFICHE » :
Quartet discute *Les saveurs du palais*

COMPRÉHENSION ORALE ET ACTE DE PAROLE ÉCRIT (1)

Écoutez attentivement l'échange du Quartet sur le film proposé. Dans les trois colonnes suivantes, relevez des mots ou expressions ayant un lien avec le mot clé suggéré dans la première ligne de l'intitulé de chacune des colonnes.

La hiérarchie	La passion	Le goût

La discussion du Quartet fait émerger des liens entre le film en rubrique et le thème de l'unité.

Après une deuxième écoute de cet entretien, rapportez les idées des intervenants.

Raphaël	Myriam	Jesse

Cherchez plus loin et analysez les personnages du Président Mitterand, interprété par Jean D'Ormesson, et Danièle Mazet-Delpeuch, alias Madame Hortense, jouée par Catherine Frot.

Choisissez l'un des personnages ou le comédien qui l'interprète, et savourez quelques détails sur leurs vies passionnantes.

Partagez avec la classe le portrait de votre personnage préféré ou de votre personne préférée.

ACTE DE PAROLE (2) : LA RÉALITÉ ET LA FICTION

Effectuez une recherche sur les films suivants ayant pour thème la cuisine, son appréciation et la passion des grands chefs. Certains films abordent le sujet de façon très humoristique, d'autres selon une approche plus classique ou romantique. La nourriture et la bonne chère restent au cœur de l'intrigue.

Dressez une liste de quatre mots clés par film après avoir trouvé des informations descriptives en cinémathèque ou à la médiathèque de votre université. Une bonne description en ligne peut aussi vous servir pour compléter cette liste.

Comme un chef	Ratatouille	La cuisine au beurre
Date : Époque :	Date : Époque :	Date : Époque :

L'aile ou la cuisse	Chocolat	Le festin de Babette
Date : Époque :	Date : Époque :	Date : Époque :

Acte de parole (3) : Partage — Fiction…

Choisissez deux des films sélectionnés et expliquez en petits groupes pourquoi vous aimeriez visionner le film au complet.

Tâche fictive, mais peut-être authentique

Mise en contexte

On vous a demandé d'aider à préparer le mariage de votre meilleur(e) ami(e) et de vous occuper de réserver le traiteur pour le repas.

Vous décidez de consulter une école hôtelière de votre ville et d'obtenir des propositions de menu. Vous êtes conscient du nombre d'invités et des contraintes alimentaires signalées par vos amis.

Les futurs mariés sont du genre un peu nostalgique et ils vous ont demandé de vous inspirer du menu de leur arrière-grand-mère, dont ils ont pu conserver une copie (voir à la page suivante).

À l'aide des informations que vous aurez recueillies, préparez un menu pour cette occasion. Planifiez les différents détails relatifs à la réservation de la salle, à l'horaire, à la grandeur, la disposition, selon le nombre de convives, le budget permis et votre imagination.

Menu

Déjeuner du 11 Avril 1944

—

Huîtres --- Palourdes
Saucisson --- Radis
Pâté --- Oeufs Mimosa
Filets Merlus Sauce Verdie
Bouchées Mongla

Filets de Bœuf Bristol
Galantine
Poulets de Grain Truffés
Haricots Maître d'Hôtel
Salade Cœur de Laitue

—

Fromage
Glace --- Gâteaux
Duchesse --- Moka

Bordeaux Blanc et Rouge
Champagne
Café --- Fine

—

Prenez la plume

ACTE DE PAROLE (4) : TÂCHE AUTHENTIQUE D'ÉCRITURE

Nous vous proposons de lire l'extrait d'une entrevue réalisée en 2015 au sujet des écoquartiers. Le concept d'un environnement plus vert vous intéresse, et celui des petits jardins communautaires qui existent dans certaines parties de la ville vous intéresse encore davantage.

Vous aimeriez faire partie d'une association pour avoir, vous aussi, un petit lopin de terre à cultiver et dont vous pourriez partager les récoltes. Vous n'avez pas beaucoup d'expérience, mais vous aimeriez apprendre à vivre de façon plus écologique et profiter des bienfaits des aliments frais.

Écrivez à la mairie et exposez votre projet. Expliquez comment vous pourriez, par un engagement bénévole, contribuer à l'enrichissement de votre quartier. Posez des questions sur les programmes existants et les modalités.

Les écoquartiers ont 20 ans

Rencontre avec Roxanne L'Écuyer, directrice générale de la société écocitoyenne de Montréal (SEM), à Sainte-Marie, qui dresse un portrait des écoquartiers de la métropole.

Pouvez-vous nous expliquer comment le projet des écoquartiers a débuté?

Le programme a été créé en 1995. À l'époque, quand l'administration a souhaité implanter ce programme, c'était pour faire concordance avec les débuts de la collecte sélective à Montréal. La meilleure façon était de faire un travail graduel de sensibilisation en s'appuyant sur des organismes déjà bien implantés dans les quartiers. Plusieurs organismes communautaires sont donc mandatés à Montréal pour gérer les écoquartiers. Petit à petit, on s'est mis à monter d'autres projets en parallèle, comme les comités d'action citoyenne ou comme les ruelles vertes, qui sont aussi financées par Environnement Canada. Mais les écoquartiers continuent à représenter de 75 à 80 % de nos activités.

Quelles ont été vos plus belles réalisations en 20 ans?

Les deux projets dont nous sommes le plus fiers et qui ont le plus de répercussions, ce sont les ruelles vertes et le réseau de compostage communautaire. Techniquement, n'importe quel habitant du quartier devrait avoir une compostière à côté de chez eux. Les compostières sont barrées, il faut s'inscrire, suivre une petite formation, payer un petit dépôt et on reçoit une clé. On rejoint environ 450 foyers avec ce dispositif mais ce n'est qu'un début.

Compétences plus selon le CARAP

Cadre de référence pour les Approches Plurielles des Langues et des Cultures

Les savoir-faire

Animez une table ronde autour des descripteurs suivants

S 6.3.1   Savoir utiliser à bon escient les formules de politesse

S 6.3.4   Savoir utiliser des expressions ou des formules, imagées ou idiomatiques, en fonction des appartenances culturelles des interlocuteurs

S 7.7.4.2   Savoir comparer ses chemins d'apprentissage en tenant compte de leur succès ou de leur échec

www.carap.ecml.at

Unité 1 : La bouffe, en mal et en bien

UNITÉ 2

SOS LA SCIENCE AU SERVICE

La médecine, percées et horizons

MISE EN CONTEXTE : RECONNAISSANCE DU VOCABULAIRE

Les frontières de la médecine… et Médecins Sans Frontières… Terminologie semblable, mais combien opposée! Cette unité nous plonge dans les méandres de la recherche médicale, dans lesquels sont échangées quotidiennement des relations de confiance, d'abandon, d'espoir et de savoir, couronnées de succès ou mises en échec par les frontières toujours ajustées de la connaissance.

PRÉACTIVITÉ, SAVOIR-FAIRE — ACTES DE PAROLE : LEXIQUE

Observation
Expérimentation
Apprentissage
Recherche
Application

Avec les cinq concepts énoncés, construisez des réseaux de vocabulaire qui précisent le sens de chaque mot en vous rapportant à votre expérience des sciences ou de la médecine. Suivez le modèle ci-dessous ou créez vos propres représentations sémantiques. Ajoutez des illustrations pour l'un des mots utilisés, en privilégiant des images avec une nomenclature spécifique. Consultez les dictionnaires visuels en ligne.

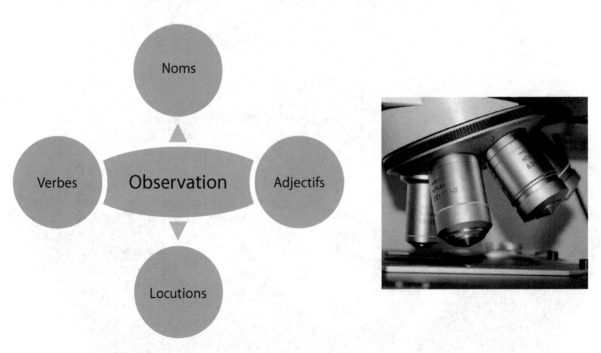

ACTIVITÉ 1 — SAVOIR-FAIRE, ACTES DE PAROLE : EXPANSION LEXICALE ET PARTAGE

Avec les mots du tableau 1, formulez dix phrases différentes pour parler d'articles, de nouvelles, d'études ou d'actualités de nature scientifique. Écrivez-les sur 10 morceaux de papier différents.

Ensuite, échangez vos phrases avec des étudiants de la classe et posez-leur des questions pour explorer davantage les idées proposées par vos collègues. Surlignez dans le tableau les mots que vous aurez utilisés.

Tableau 1

SOS la science au service – Des noms			
analyse	cobaye	considération	constatation
empirisme	enquête	épreuve	essai
étude	exactitude	examen	investigation
méthodologie	objectivité	panacée	placebo
précision	procédé	réflexion	rigueur
service	sondage	surveillance	tentative

SOS la science au service – Des verbes		
analyser	approfondir	ausculter
creuser	découvrir	essayer
examiner	explorer	fouiller
imaginer	interroger	quérir
réfléchir	remuer	scruter
sonder	supposer	tenter

SOS la science au service – Des adjectifs			
charlatan	émergeant	empirique	exceptionnel
expérimental	fonctionnel	logique	permanent
potentiel	prometteur	raisonnable	rationnel
savant	scientifique	spéculatif	stimulant
symptomatique	systématique	temporaire	utile

ACTIVITÉ 2 — RECONNAISSANCE DE DOMAINES ET DE CONTEXTES D'INTERACTION

Formez des équipes de quatre personnes et regroupez thématiquement les sujets touchés dans cet exercice. Construisez un graphique de « popularité » et classez-les selon l'ordre de fréquence. Imprimez vos résultats, préparez une exposition d'affiche et discutez des résultats obtenus et observés.

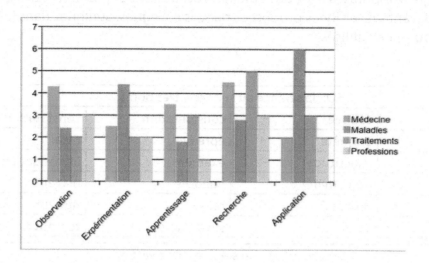

Figure 1 — Graphique popularité informations

ACTIVITÉ 3 — ACTE DE PAROLE, PARTAGE ET DISCUSSION : OPINIONS

Choisissez l'un des deux thèmes suivants :

A. Malgré tous les progrès scientifiques, l'humain n'a pas encore surmonté les frontières de la connaissance en médecine. C'est un domaine de recherche en constante évolution.
Basez votre opinion sur un article scientifique au choix.

B. Tous les professionnels de la santé devraient avoir une expérience de bénévolat avec des organisations comme la Croix Rouge Internationale ou Médecins Sans Frontières.
Basez votre opinion sur la consultation du site officiel de ces organisations.

Jumelez-vous à un partenaire qui aura choisi le thème opposé. Ensemble, discutez des raisons de votre choix, justifiez votre opinion et donnez au moins trois exemples à l'appui de votre argumentation.

DOSSIER A — SAVOIR-FAIRE : COMPRÉHENSION ORALE, DISCUSSION — PARTAGE

« AU CŒUR DE LA RECHERCHE »
Reportage : Meghann Dionne – La Cité collégiale, Ottawa

Étape 1 : Visionnement avec accompagnement sonore
Écoutez et relevez dans quel contexte ont été utilisés les 10 mots du tableau 2. Insérez-les dans une phrase explicative.

Tableau 2

Mots tirés du reportage	Explication
La génétique	
Monnaie courante	
Être à risque	
L'insuffisance cardiaque	
L'échantillon sanguin	
Le facteur environnemental	
Le défibrillateur	
Le bidule	
La ceinture de sécurité	
Le malaise	

Synthétisez oralement le contenu du reportage et développez trois idées qui permettent une association avec l'activité 2. Relevez des préoccupations ou problématiques semblables ou mentionnées lors de votre discussion initiale.

Compréhension générale de l'écrit : détail, complexité, reformulation

Texte 1 : « La vie après un AVC : Se prendre en main et décider d'être heureux! » de CHUMagazine

Rien ne laissait présager que Serge Gareau, un professionnel dans la quarantaine au train de vie trépidant, subirait un accident vasculaire cérébral (AVC) aigu.

« Je remercie la D^{re} Louise-Hélène Lebrun, neurologue, et toute l'équipe de l'unité de neurologie vasculaire de l'Hôpital Notre-Dame, car sans eux, je ne serais pas là aujourd'hui pour en témoigner. »

Nous sommes en janvier 2008. Alors qu'il est au volant de sa voiture, M. Gareau est subitement victime d'un AVC. Heureusement, les réflexes de ses deux adolescents, Étienne et Anne-Sophie, qu'il appelle affectueusement ses « héros », lui sauvent la vie!

On l'emmène au [Centre hospitalier universitaire de Montréal], à l'unité de neurologie vasculaire, où il sera pris en charge pendant près de sept semaines. Ses atteintes cognitives, notamment la perte de mémoire (à court, moyen et long termes) et une paralysie du côté droit, bouleversent complètement sa vie. Il lui faudra neuf mois et une longue réadaptation pour marcher à nouveau et retrouver son autonomie, son indépendance. Une grande victoire! Son mot d'ordre : persévérance!

Malgré ses atteintes permanentes qui l'empêchent de reprendre le travail, M. Gareau reste fidèle à lui-même : un homme d'action, impliqué socialement. En plus de ses petites victoires quotidiennes le rendant de plus en plus autonome, il agit en tant que bénévole au CHUM depuis cinq ans auprès des patients ayant aussi « passé par là », et siège au comité des usagers de l'établissement depuis quatre ans. « J'éprouve un grand plaisir et je ressens une force indiscutable au CHUM tant au sein du comité des usagers qu'en neurologie. J'y suis, et aussi longtemps que je pourrai servir, j'y demeurerai. »

Qu'est-ce qu'un AVC?
Un AVC est une perte soudaine de la fonction cérébrale, provoquée par l'interruption de la circulation sanguine à l'intérieur du cerveau ou par la rupture d'un vaisseau sanguin dans le cerveau. Dans les deux cas, elle provoque la mort des cellules cérébrales (neurones) de la région affectée.

- Environ 80 % des AVC sont ischémiques (obstruction de la circulation sanguine par un caillot).
- Environ 20 % des AVC sont hémorragiques (saignement incontrôlé dans le cerveau).

Chaque minute compte!
Plus le cerveau manque d'oxygène et d'éléments nutritifs apportés par le sang, plus grands sont les risques de dommages permanents.
- Chaque minute qui s'écoule avant le traitement d'un AVC, le patient moyen perd 1,9 million de cellules cérébrales, 13,8 milliards de synapses et 12 km de fibres axonales (Saver, 2006).
- Chaque heure écoulée sans traitement, le cerveau perd autant de neurones qu'en 3,6 ans de vieillissement normal (Saver, 2006).

Source : Fondation des maladies du cœur et de l'AVC

Hommage à la Dʳᵉ Louise-Hélène Lebrun

La Dʳᵉ Louise-Hélène Lebrun, une neurologue récemment retraitée, est une pionnière au CHUM qui a su bien assurer sa relève. Afin de souligner son immense contribution, son dévouement et son engagement dans le développement des soins auprès des patients victimes d'AVC, une plaque commémorative, installée à l'unité de neurologie vasculaire, souligne l'importance de son travail. On peut y lire :

« Une neurologue et une femme de cœur qui a consacré sa carrière au bien-être des victimes d'AVC, à l'enseignement et à la recherche. »

536 mots

PRÉACTIVITÉ : SAVOIR-FAIRE

Reformulez les expressions suivantes utilisées dans le texte en créant de nouvelles phrases, dans de nouveaux contextes.

Les réflexes d'adolescents	
La paralysie du côté droit	
Retrouver son autonomie	
Son mot d'ordre : persévérance	
Des atteintes permanentes	
Passer par là	
La fonction cérébrale	
L'ischémie	
Assurer la relève	
Une femme de cœur	

TÂCHE D'ÉCRITURE : LA SYNTHÈSE

Visitez le site officiel de la Fondation des maladies du cœur du Canada. Sur la page d'accueil, vous pouvez rediriger votre recherche vers plusieurs onglets.

Choisissez trois onglets et recueillez l'information proposée.

Classez les renseignements selon trois catégories différentes. Pour chaque catégorie, donnez un minimum de trois détails importants.

Catégorie d'information	Détails de l'information
Les acteurs organisationnels/les chercheurs	1) 2) 3)
Les maladies ou symptômes discutés	1) 2) 3)
Les conseils et recommandations	1) 2) 3)

En utilisant les détails recueillis ci-dessus, synthétisez l'information consultée dans un texte suivi ne dépassant pas 250 mots.

Unité 2 : SOS la science au service

ACTE DE PAROLE (1) : RONDE DES MOTS AUTOUR DU CŒUR

Avec les douze mots du graphique ci-dessous, formulez des expressions complètes de sens en utilisant deux ou trois mots dans la même phrase.

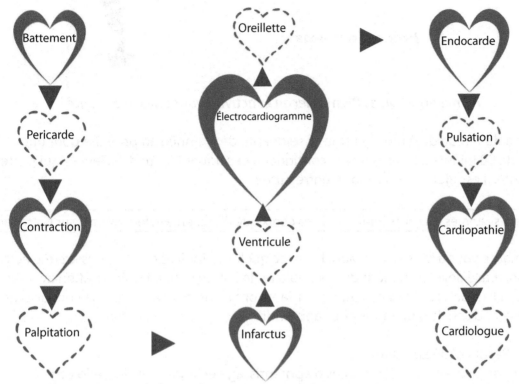

ACTE DE PAROLE (2) : DÉCOUVERTE DES NUANCES DE LA LANGUE

Illustrez de façon originale les expressions idiomatiques suivantes… Mettez-y du cœur!

Apprendre par cœur	
Porter dans son cœur	
Crever le cœur	
En avoir gros sur le cœur	
Ouvrir son cœur	
Avoir le cœur à l'ouvrage	

Prenez la plume

Forme privilégiée : Plan de leçon et activité pour une vie en santé

On vous a demandé de remplacer une enseignante de 5ᵉ année au primaire pour une période de 90 minutes, et vous devez continuer à enseigner l'unité de sciences qui porte sur la santé. Les sujets à l'étude sont, entre autres :

Les divers systèmes du corps humain	Les choix que l'on exerce et leur impact sur notre santé

L'enseignante vous a laissé carte blanche, avec quelques indications. Choisissez une activité qui favorisera le développement du vocabulaire de l'unité et une familiarisation avec les concepts à l'étude. N'oubliez pas que les enfants ont environ 10 ans : soif de connaissances, de variété, et d'activités ludiques pour apprendre.

Curieux? Besoin d'idées? Visitez :
- Le site de TFO – Idello : Ressources d'apprentissage en ligne : **www.idello.org**
- La boîte à science : **www.boiteascience.com**

Utilisez les caractéristiques du texte descriptif et explicatif

« SUR UN COUP DE TÊTE »

Reportage : Andy St-André – La Cité collégiale, Gatineau

En petits groupes, répondez aux questions suivantes :

*   Pourquoi l'auteur du reportage a-t-il choisi le titre en rubrique?
*   Quels renseignements connaissiez-vous déjà au sujet des commotions cérébrales?
*   Plusieurs sports comportent des risques de commotions cérébrales. Selon vous, quelles devraient être les dispositions légales régissant la pratique de sports de contact? Pensez à l'âge des joueurs, l'environnement de pratiques sportives, les règlements, les récidives…
*   Selon certaines études, il a été prouvé qu'à la suite d'une commotion cérébrale, certaines dimensions et capacités neurologiques sont activées positivement.

> « Certaines personnes ayant subi une lésion du cerveau, dans sa partie gauche notamment, acquièrent des dons intellectuels précis ».

a) Discutez en classe des différentes questions soulevées par ce reportage. Échangez sur différentes expériences réelles, vécues ou dont vous avez eu connaissance concernant les commotions cérébrales.

b) Ensuite, élaborez un questionnaire que vous feriez remplir à des parents qui souhaitent inscrire leurs enfants dans une équipe de hockey sur glace.

c) Enfin, imaginez que vous vous réveillez dans un lit d'hôpital, à la suite d'une commotion cérébrale, et que vous avez développé un don extrasensoriel dont vous n'étiez pas doté avant votre accident.

d) Décrivez vos nouvelles capacités. Soyez crédible, même si vous faites preuve d'imagination.

Unité 2 : SOS la science au service

Texte 2 : « Jusqu'à la moelle des os : la science de l'ère spatiale » de Laura Eggerston

Au moment où le commandant Scott Kelly et son équipage manœuvraient le bras télémanipulateur (Canadarm2) pour attraper la capsule Cygnus et l'amener à la Station spatiale internationale en décembre dernier, deux professeurs de l'Université d'Ottawa ont retenu leur souffle jusqu'à ce que la navette de transport soit solidement amarrée.

« La capsule transportait tout notre matériel scientifique », explique Odette Laneuville, professeure au Département de biologie. « L'excitation était grande. »

La professeure Laneuville et le Dr Guy Trudel, chercheur principal du projet, sont les premiers chercheurs de l'Université à étudier les effets à long terme des voyages spatiaux sur les astronautes. En partenariat avec l'Agence spatiale canadienne (ASC), ils mènent une étude étalée sur cinq ans, subventionnée par l'ASC à hauteur de 1,1 M$, connue sous le nom de MARROW.

Ces chercheurs étudient les effets de l'exposition prolongée à la microgravité sur la teneur en gras de la moelle osseuse des astronautes. Les professeurs Trudel et Laneuville mesurent également l'expression génique des cellules sanguines produites par la moelle osseuse. « D'autres chercheurs ont étudié les effets d'un séjour dans l'espace sur le sang des astronautes, mais nous nous concentrons sur ce qui se passe dans la moelle osseuse, où naissent les cellules », explique Guy Trudel, professeur à la Faculté de médecine.

Améliorer les méthodes de réadaptation

Les astronautes participants, qui passent environ six mois dans la station spatiale, se sont tous portés volontaires pour l'étude. Ce sont des sujets de recherche idéaux parce que les symptômes qu'ils ressentent au retour de l'espace ressemblent à ceux des personnes souffrant de maladies chroniques ou de blessures et qui sont alitées pendant de longues périodes.

Les professeurs Trudel et Laneuville croient qu'étudier les effets de l'exposition à la microgravité sur les cellules de la moelle et les cellules sanguines des astronautes livrera de précieux indices qui pourraient améliorer les méthodes de réadaptation chez les patients souffrant des conséquences d'une immobilité prolongée.

Les chercheurs ont déjà déterminé – grâce à des études sur l'alitement et à des modèles expérimentaux d'immobilité – que l'augmentation de la quantité de gras dans la moelle osseuse peut affecter la capacité de la moelle à générer de nouvelles cellules sanguines.

Guy Trudel explique qu'une diminution de la concentration de globules rouges cause l'anémie, et une sorte d'« anémie spatiale » afflige les astronautes à leur retour sur Terre. De plus, l'altération des globules blancs risque de réduire la capacité de l'organisme à lutter contre les infections et d'accroître la sensibilité des astronautes aux effets du rayonnement cosmique.

La professeure Laneuville pense que les cellules adipeuses de la moelle osseuse risquent d'altérer l'activité des cellules sanguines progénitrices qu'elles entourent. Elle veut voir les effets de la réadaptation sur ces changements cellulaires et génétiques une fois les astronautes revenus sur Terre.

Ce qu'elle découvrira en suivant l'expression génique des astronautes pourrait améliorer la personnalisation des plans de réadaptation des patients. L'équipe de l'Université espère que ses travaux contribueront à réduire le séjour des patients à l'hôpital et dans les centres de réadaptation, ainsi que la période de récupération.

« Nous voulons accélérer le rétablissement des gens et la reprise de leurs activités », dit Guy Trudel, qui s'occupe de patients ayant besoin d'un programme de réadaptation spécialisé au Centre de réadaptation de l'Hôpital d'Ottawa.

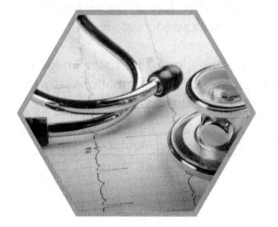

[…]

544 mots

DÉCOUVRIR, TRIER, CHOISIR, REFORMULER

1.   Interprétez et justifiez le choix de titre pour cet article.

_____

2.   Choisissez trois idées qui correspondent à de l'avancement dans les sciences.

_____

3.   Faites une liste de dix mots strictement « scientifiques ».

_____

4. Identifiez trois concepts discutés dans cet article, rapportez l'idée principale et un élément secondaire qui complète le propos.

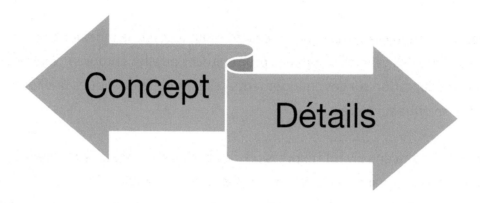

Synthétiser, relever des informations, formuler des arguments

Feuilletez la revue « Pour la science » ou la revue « Science et vie », format papier ou visitez les sites Web des mêmes revues : www.pourlascience.fr et www.science-et-vie.com.

Plusieurs dossiers sont proposés en archives et en espace numérique. Choisissez un thème qui vous intéresse et trouvez des informations nouvelles. Classez vos informations selon les critères suivants et ajoutez trois mots clés par critère justifiant votre classement.

	Très bien	Bien	Médiocre
Actualité	a) b) c)	a) b) c)	a) b) c)
Clarté de concepts	a) b) c)	a) b) c)	a) b) c)
Vulgarisation	a) b) c)	a) b) c)	a) b) c)

Illustrations	a)	a)	a)
	b)	b)	b)
	c)	c)	c)

Résumé

En gardant l'esprit du texte, résumez l'article que vous avez lu. Votre texte doit correspondre à environ un tiers de la longueur du texte original. Donc, comptez les mots de l'article et ceux de votre résumé.

ÉCOUTEZ L'ENREGISTREMENT DU CD « À L'AFFICHE »
Quartet discute *Hippocrate*

COMPRÉHENSION ORALE ET ACTE DE PAROLE ÉCRITE (1)

Écoutez attentivement l'enregistrement du Quartet sur le film proposé. Les intervenants de Quartet parlent de quelques éléments très précis dans leurs commentaires sur le film *Hippocrate*. Pouvez-vous expliquer :

a) pourquoi ils parlent de conflit entre vie professionnelle et vie personnelle?
b) comment ils décrivent le protagoniste principal de ce film?
c) à quelles circonstances ils font référence dans leurs commentaires?
d) comment ils évaluent le film dans son ensemble?

Écoutez l'enregistrement une deuxième fois en faisant trois pauses pendant l'écoute. Prenez le temps de relever une quinzaine de mots (noms et verbes) que vous repérez dans la discussion.

REFORMULER, IMAGINER, RACONTER

Prenez la plume

Dans les différents documents de cette unité, il est question de maladies, de chercheurs, de médecins, de carrière, de science, mais aussi des limites humaines devant la souffrance et de la solidarité qui peut se tisser dans des situations difficiles, comme mis en évidence dans le film *Hippocrate*.

L'écrivain Marcel Godin a mis sous sa plume un personnage très attachant, celui du bénévole. Laissons-le parler, dans un extrait de son roman *La petite vieille aux coquillages* :

Contrairement à la majorité des autres personnes que nous avions rencontrées, elle avait une conversation enrichissante. Elle parlait de livres lus, de ses voyages, des traditions perdues de son Autriche natale et d'un tas d'autres sujets aussi vivants qu'elle. […]

Avant de se quitter, nous avons demandé à la vieille dame pourquoi les coquillages, si tôt le matin?

— Parce qu'il y en a beaucoup plus à marée basse, répondit-elle, qu'il n'y a personne! Et elle nous invita à admirer ce qu'elle avait ramassé. Ce que nous fîmes. Sur le plancher, des centaines de coquillages avaient été rangés méticuleusement sur du papier journal. Ils étaient beaux, mais ils avaient perdu l'éclat qu'ils devaient avoir quand elle les avait ramassés, tout vernis par l'eau de la mer. Il y en avait partout, autour du lit, sous la table, les fauteuils et il fallait prendre des précautions pour ne pas les abîmer.

— C'est pour mes enfants, dit-elle, avec un grand geste du bras, la main ouverte tendue en offrande. Je travaille dans un hôpital où viennent mourir des enfants cancéreux. Je les assiste au dernier moment, ils n'ont personne d'autre, les parents ne peuvent pas psychologiquement, vous comprenez? Chaque semaine il m'en meurt dans les bras. Les larmes dans la voix, elle répéta amoureusement, c'est pour les enfants, ils ne verront jamais la mer.

Vous avez été frappé par cette histoire et vous décidez de contribuer vous aussi à apporter quelque chose à des personnes hospitalisées. Écrivez à une institution où sont prodigués des soins palliatifs ou de longue durée et proposez une collaboration (250-300 mots).

Acte de parole (2) : La réalité et la fiction

1) **Effectuez une recherche** sur l'un des six films suivants.
2) Sous les différents titres, **indiquez** le nombre d'étoiles que leur réserve la critique cinématographique que vous aurez consultée.
3) **Précisez** si ces films appartiennent au genre dramatique, actuel, humoristique, classique, théâtral, biographique ou s'ils sont tirés d'un roman.
4) **Ajoutez** les noms de deux ou trois acteurs principaux de ces films ainsi que celui du réalisateur.

Hippocrate 2014	Le confident de ces dames 1959	Le malade imaginaire 2008
Oscar et la dame rose 2009	Les intouchables 2011	Amour 2012

5) **Choisissez** le film qui vous attire le plus et visionnez-le.
6) **Après le visionnement**, donnez votre opinion.

ACTE DE PAROLE ET D'ÉCRITURE (3) : TÂCHE AUTHENTIQUE

Vous faites partie de l'association des étudiants de la faculté de médecine de votre institution universitaire. On vous confie la tâche de rédiger la nouvelle charte de votre association et vous devez intégrer, du moins en partie, le serment d'Hippocrate, selon les traditions classiques de l'institution.

Reprenez donc le texte du Serment et écrivez les statuts de votre association dans un langage qui serait plus familier à vos confrères, tout en respectant le niveau de formalité requis par cette tâche.

Créez aussi un nouvel emblème en justifiant les éléments de votre choix.

1. Sceptre d'Hermès ou baguette d'Esculape?

Bon nombre d'organisations médicales ont adopté pour emblème ce qu'on appelle le caducée. Ce terme trouve son origine dans le sanskrit « karù » signifiant « chanteur », « poète ». Il est repris par le grec dorien sous la forme de « κερυξ », « héraut » ou « messager officiel ». De ce terme a été dérivé le mot grec « κερυκειον », le « bâton de l'héraut », l'emblème du messager.

L'explication de la baguette d'Esculape en tant que symbole médical réside peut-être dans l'association qui est faite entre le serpent et la baguette. Le serpent symbolisait le médicament tandis que la baguette symbolisait l'arbre de la vie, la vie que le médecin essayait de sauver avec les médicaments. La baguette et le bâton sont les symboles de l'autorité, de la puissance et de la dignité. Au sens large, les baguettes et les bâtons sont d'origine végétale et en tant que tels, ils symbolisent l'implacable vitalité de la nature.

Extrait tiré du site de l'Ordre des médecins
— Belgique

Fig. 1 Caducée
Le caducée était le bâton magique du dieu grec Hermès (Mercure chez les Romains)

CADRE DE RÉFÉRENCE POUR LES APPROCHES PLURIELLES DES LANGUES ET DES CULTURES

Les savoir-faire

Animez une table ronde autour des descripteurs suivants

S 1.1   Savoir utiliser (maîtriser) des démarches d'observation ou d'analyse (p. ex. segmenter en éléments, les classer ou les mettre en relation)

S 1.4.1   Savoir décomposer un mot composé en mots

S 1.5.1   Savoir analyser des liens entre formes et fonctions pragmatiques (ou : et actes de langage)

www.carap.ecml.at

Unité 2 : SOS la science au service

49

UNITÉ 3

RSVP EN FRANÇAIS

Études et attitudes pour vivre la francophonie

MISE EN CONTEXTE : RECONNAISSANCE DU VOCABULAIRE

Extrait du livre *Les mots de ma vie* de Bernard Pivot

Les mots

J'ai découvert très tôt que, sur la langue ou sous la plume, les mots n'arrivent pas à la même vitesse. Certains bondissent comme des lutins, des diables, d'autres se traînent comme des clampins. Il y en a qui sont toujours volontaires pour sortir de la bouche, du stylo ou du dictionnaire, il en est d'autres qui se cachent à l'arrière du palais, dans la réserve d'encre ou entre deux substantifs courants ou familiers du dico. (75 mots)

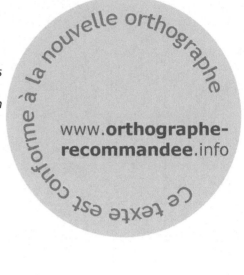

PRÉACTIVITÉ, SAVOIR-FAIRE, ACTES DE PAROLE : LEXIQUE

Prenez quelques minutes et écrivez une phrase complète (environ 10 à 15 mots) qui explique en quoi consiste, selon vous, le vocabulaire. Ensuite, en équipe de deux ou trois, échangez votre définition avec vos collègues de classe et comparez vos réponses. Relevez les points communs et les interprétations différentes.

_____

_____

Dans l'extrait proposé par Bernard Pivot, le mot « clampin » est probablement le moins familier. Selon le Centre national de recherches textuelles, voici l'origine de ce mot :

Étymol. et Hist. 1. Fin XVIIᵉ s. clanpin « boiteux » (Lettres galantes ds LE ROUX, p. 122); 2. 1832 clanpin « lent, paresseux » (RAYMOND); 1833 arg. milit. « lambin » (L. VIDAL, J. DELMART, La Caserne, p. 382). Altération, peut-être sous l'infl. de lambin de clopin « boiteux », v. clopiner, clopin-clopant.

http://www.cnrtl.fr/ (Centre national de recherches textuelles)

Les mots ont plusieurs caractéristiques : une nature, une morphologie, une histoire, un sens…

À l'aide d'un dictionnaire, trouvez la définition correspondant aux concepts suivants :

Tableau A

	Nature/Genre	*Origine*	*Sens*
Exemple : **Affixe**	Nom masculin	Subst. 1584 gramm. (THEVET, Vie des Hommes Illustres, 561 vods QUEM. t. 1 1959	« élément susceptible d'être incorporé à un mot pour en modifier le sens, la valeur, la fonction, le rôle, sans en détruire l'unité »
Antonymie			
Collocation			
Connotation			
Dénotation			
Étymologie			
Glossaire			
Lexique			
Morphologie			
Préfixe			
Sémantique			
Suffixe			
Synonymie			
Syntaxe			
Unité lexicale			
Vocabulaire			
	Nature/Genre	*Origine*	*Sens*

Explorations dictionnaires

Choisissez cinq mots de votre quotidien personnel, professionnel ou universitaire et recherchez-en l'origine et les propriétés.

Tableau B – Vos mots préférés…

Mot	Nature/Genre	Origine	Sens

Formulez cinq phrases qui, à l'exemple de la citation de Bernard Pivot, sauront illustrer de façon originale l'emploi des cinq mots que vous avez choisis.

Pour nourrir vos illustrations, utilisez aussi des images ou des photos pour chacun des mots sélectionnés.

Mot choisi :	Image :
Phrase :	

1. _____
2. _____
3. _____
4. _____
5. _____

ACTIVITÉ 2 — RECONNAISSANCE DE DOMAINES ET DE CONTEXTES D'INTERACTION :

« Le français à la mesure d'un continent : un patrimoine en partage – Projet »

Ce grand projet de recherche concertée du Conseil de recherches en sciences humaines du Canada porte sur les communautés francophones d'Amérique du Nord sur plus de 400 ans. Il interroge le passé, le présent et l'avenir des communautés francophones et place l'individu et sa langue au cœur du changement des sociétés francophones. Ce projet a pour objectif d'évaluer l'impact réel des contacts linguistiques et culturels dans les communautés multiculturelles et d'examiner les conditions de maintien du français et des autres langues en situation de contact. Il alimente la réflexion sur les enjeux contemporains du Canada et de la Francophonie en matière de diversité culturelle et d'épanouissement des minorités linguistiques.

Le projet dont il est question dans le paragraphe ci-dessus propose plusieurs pistes vers la compréhension de l'importance de la francophonie en Amérique du Nord. Visitez le site de ce projet ou un autre site qui assure la promotion de la francophonie et donnez des indications descriptives sur le contenu de l'information que l'on y retrouve.

Parmi les sites à visiter, nous vous suggérons les suivants :

- L'Organisation internationale de la Francophonie : www.francophonie.org/OIF
- Le français à la mesure d'un continent : www.continent.uOttawa.ca/
- Le Centre de recherche en civilisation canadienne-française : www.arts.uottawa.ca/crccf/
- Le Français pour l'avenir : www.french-future.org/fr/

Cette liste n'est pas exhaustive, trouvez un autre site, au hasard de vos recherches :

- Votre propre découverte :
  _____

Remplissez les cases du tableau C ci-dessous avec les mots clés des sites visités. Suivez des éléments d'appartenance thématique indiqués dans la ligne d'en-tête du tableau.

Tableau C

Page d'accueil	Mandat	Projets	Rencontres	Ressources

Les sites visités proposent tous des intervenants selon différents paliers d'implication, de responsabilité ou d'appartenance au grand monde de la francophonie. **Découvrez** une personnalité de la francophonie et **présentez-la** à vos collègues en précisant ce qui vous touche particulièrement dans son engagement envers la langue française :

Portrait choisi : Michaëlle Jean	

Domaine d'intervention :	La personne :	Les projets :

Portrait choisi : Bernard Cerquiglini	

Domaine d'intervention :	La personne :	Les projets :

Portrait choisi : Jean-Baptiste Poquelin	

Domaine d'intervention :	La personne :	Les projets :

ACTIVITÉ 3 — ACTE DE PAROLE, DISCUSSION : PARTAGE

1) Sur un mur, épinglez quatre grandes feuilles de papier et grâce aux informations recueillies avec l'activité 1 et l'activité 2, construisez des toiles sémantiques ayant pour thème central :
« **Les mots** », « **les gens** », « **les enjeux** », « **les pays** ».

2) Comparez les thèmes choisis par vos collègues de classe et sélectionnez les pistes nouvelles que vous découvrez avec les informations mises en commun.

DOSSIER A — SAVOIR-FAIRE : COMPRÉHENSION ORALE ET ÉCRITE

« UN CHOIX IMPORTANT »

Reportage : Mario de Ciccio – La Cité collégiale, North Bay

Étape 1 : Visionnement avec accompagnement sonore

Écoutez et relevez cinq mots clés auxquels vous fait penser ce reportage. Complétez les deux colonnes du tableau D en insérant les mots choisis et en trouvant un synonyme de ce même mot.

Tableau D

MOTS CLÉS	SYNONYMES

Effectuez une recherche sur les programmes d'appui linguistiques de votre pays. Ensuite, lisez l'extrait suivant tiré du site du Programme d'appui aux droits linguistiques (PADL) www.padl-lrlp.uOttawa.ca

L'importance de l'article 23

La Charte canadienne des droits et libertés (Charte) a été adoptée en 1982 par le Parlement canadien. Les communautés de langue officielle en situation minoritaire privilégient l'éducation comme un moteur important de leur avenir. L'article 23 de la Charte accorde une protection constitutionnelle à l'enseignement en français ou en anglais et à la gouvernance d'écoles par les parents de la minorité linguistique ou leurs représentants. Grâce au renforcement de la capacité linguistique et à l'enrichissement identitaire, des communautés durables se construisent autour de ces écoles, partout au Canada, et se développent dans tous les secteurs d'activités. Les communautés de langue officielle se mobilisent pour assurer la pleine mise en œuvre de l'article 23 afin de recevoir un accès égal à une éducation de qualité.

DISCUSSION ET PARTAGE

Selon vous, quelles sont les initiatives qui devraient être encouragées pour favoriser ce qui est reconnu par la loi comme étant un soutien au « **renforcement de la capacité linguistique et à l'enrichissement identitaire** », afin que des communautés durables se construisent?

En équipe, sur un tableau, faites une liste d'actions concrètes en ce sens. Comparez avec la liste d'autres équipes et établissez une liste commune de trois ou quatre actions, ordonnées selon des priorités sur lesquelles vous avez établi un consensus.

PROBLÈME	ACTION	RÉSULTAT

Lisez le texte suivant

Texte 1 : « Partenariat français pour La Cité » de Martin Brunette

Le collège La Cité et l'université française Claude Bernard Lyon 1 ont procédé vendredi à la signature de deux ententes qui faciliteront l'échange d'étudiants entre les deux institutions.

La présidente de La Cité, Lise Bourgeois, s'est jointe à Denis Bourgeois, le vice-président délégué aux relations internationales et affaires européennes de l'université, afin de signer les conventions.

Les ententes permettront l'échange d'étudiants de programmes communs des deux institutions dans le cadre de semestre de cours ou de période de stage. Elles profiteront aux étudiants de l'Institut de formation et de recherche agroalimentaire (IFRA), à Alfred, dans l'Est ontarien.

Elles offriront l'occasion aux diplômés du programme Gestion de la nutrition et des services alimentaires, livré à Alfred, d'être admis à la licence professionnelle Métiers de la santé : nutrition, alimentation – parcours alimentation, santé de l'université Claude Bernard Lyon 1. Cette licence se traduit par un baccalauréat pour les étudiants.

« En bénéficiant d'une formation collégiale et universitaire, les étudiants des programmes concernés auront la chance de découvrir les aspects tant pratiques que théoriques de leur domaine d'études, ce qui leur permettra de se démarquer sur le marché du travail », a souligné Lise Bourgeois.

Les étudiants devront terminer deux années d'études au collège La Cité pour ensuite compléter deux semestres d'études à l'université Claude Bernard Lyon 1. À la fin, en plus de leur diplôme d'études collégiales, les étudiants obtiendront un certificat professionnel de l'université française.

« C'est le début de quelque chose certainement. Nous avons arrêté notre choix sur La Cité parce qu'à l'université Lyon 1, nous touchons également au domaine de la nutrition et au domaine de la santé et du bien-être de la population et de l'agriculture. Notre objectif est d'établir un partenariat très fort », a affirmé Denis Bourgeois.

293 mots

SAVOIR-FAIRE, TÂCHE D'ÉCRITURE : L'ANNONCE

En paraphrasant le texte ci-dessus, préparez une affiche pour faire la promotion de cette initiative d'échanges interinstitutionnels. Les éléments graphiques, visuels et textuels contribueront ensemble à l'efficacité de votre message.

À vos plumes, à vos pinceaux, à votre imagination!

DOSSIER B — SAVOIR-FAIRE : COMPRÉHENSION ORALE, DISCUSSION : PARTAGE

« EN FRANÇAIS S'IL VOUS PLAÎT »
Reportage : Sébastien St-Onge – La Cité collégiale, Ottawa

Écoutez le deuxième reportage de cette unité :

En petits groupes, répondez aux questions suivantes :

*   Qu'est-ce qui vous surprend dans ce que vous avez visionné?
*   Regard critique : choisissez deux éléments que vous avez aimés et deux pour lesquels vous auriez des suggestions (montage, contenu, accompagnement sonore, visuel, autre).
*   Partagez un sentiment ressenti à la suite de ce reportage.
*   Choisissez un autre titre pour ce reportage.

PRÉACTIVITÉ, SAVOIR-FAIRE, ACTES DE PAROLE : LEXIQUE

Après avoir écouté une deuxième fois les deux reportages de cette unité 3, à l'aide d'un dictionnaire, explorez le sens et la nature des expressions suivantes en recherchant l'étymologie et les sens dénotatifs ou connotatifs propres aux mots employés.

Des choix importants	En français s'il vous plaît
MOT : *Répercussion*	MOT : *Loge*
Nature du mot :	Nature du mot :
Dénotation/Connotation :	Dénotation/Connotation :
Étymologie :	Étymologie :

MOT : *Pourcentage*	MOT : *Épanouissement*
Nature du mot :	Nature du mot :
Dénotation/Connotation :	Dénotation/Connotation :
Étymologie :	Étymologie :
MOT : *Incitatif*	MOT : *Diffuseur*
Nature du mot :	Nature du mot :
Dénotation/Connotation :	Dénotation/Connotation :
Étymologie :	Étymologie :

SAVOIR-FAIRE : COMPRÉHENSION ET ÉCRITURE

Texte 2 : « CHANTE-MOI TA LANGUE SECONDE » de Rhea Laube

Le diplômé Gregg Lawless, mis en nomination à deux reprises aux prix Juno, inspire les enfants à apprendre le français par ses paroles de chanson.

« Je suis la preuve vivante des avantages incroyables qu'il y a à connaître une deuxième langue. »

Des centaines d'élèves de l'élémentaire en immersion française se dirigent avec agitation dans l'auditorium principal du Théâtre Centrepointe, dans l'ouest d'Ottawa. À partir du moment où Gregg LeRock, l'alter ego francophone du diplômé Gregg Lawless (B.A. en lettres françaises, 1987) entre en scène, sa performance électrisante ne tarde pas à soulever l'auditoire, qui entonne avec lui ses compositions.

Souvent, avant ses spectacles, Gregg envoie aux enseignants ses chansons accompagnées de leurs paroles.

« Mes meilleures expériences sur scène sont celles où les élèves arrivent préparés. Ils ont appris les chansons, connaissent le vocabulaire et sont prêts à chanter », explique-t-il.

Gregg fait souvent référence à des réalités canadiennes dans ses chansons, comme dans *Le boogie de Chicoutimi* ou *Terry Fox – La persévérance*, dont on peut entendre le refrain accrocheur dans les cours d'école du pays : « Je cours comme Terry… comme Terry Fox ».

Son talent de compositeur-interprète lui a valu deux mises en nomination pour le prix Juno de l'album jeunesse de l'année : la première en 2009 et la deuxième en 2011. Chaque année, il donne près d'une soixantaine de spectacles devant des dizaines de milliers d'enfants, depuis la Colombie-Britannique jusqu'en Ontario.

Gregg a grandi à Aurora, en Ontario; sa langue maternelle est l'anglais. Il dit que ses années d'étude au Département de français de l'Université d'Ottawa, y compris les jams bilingues auxquels il participait régulièrement sur le campus avec son confrère de classe Roch Voisine (B.Sc. 2008), l'ont grandement aidé à lancer sa carrière en tant que Gregg LeRock, grande vedette de la chanson de langue française auprès des jeunes.

« Je suis la preuve vivante des avantages incroyables qu'il y a à connaître une deuxième langue. Mon diplôme m'a ouvert de nouvelles portes aussi bien sur le plan personnel que sur le plan professionnel. »

La carrière musicale de Gregg a décollé lorsqu'il a formé un groupe pour participer à un concours qui avait lieu à l'Université d'Ottawa.

« Nous avons surpris tout le monde en gagnant. Nous avons même battu Roch Voisine » – celui-là même qui a raflé le prix Juno de l'interprète masculin de l'année en 1994 et qui est bien connu pour ses albums à succès *Hélène* et *I'll Always Be There*.

Par la suite, le groupe s'est fait proposer de jouer lors d'une fête de *Common Law* à l'Université d'Ottawa. Les gens en ont parlé, et les demandes se sont multipliées.

« On est devenus Les étudiants sans loi, en anglais Lawless Students – c'était un jeu de mots avec mon nom de famille. On passait souvent pour des étudiants en droit, même si aucun membre du groupe n'étudiait dans ce domaine-là. »

Le groupe avait un répertoire bilingue constitué de compositions et de reprises.

« Entre les chansons, on plaisantait dans les deux langues. Je parlais français avec un accent bien franc du sud de l'Ontario, et le bassiste Daniel Boivin (B.Sc.Soc. 1986), originaire de Chicoutimi, parlait anglais avec un accent exagéré du Lac-Saint-Jean. On avait beaucoup de plaisir, et la foule adorait ça. »

Le groupe donnait aussi des spectacles hors campus, par exemple chez Barrymore ou au Rainbow, ce qui aidait à payer les études.

Gregg garde de bons souvenirs des jams auxquels il prenait part dans les cages d'escalier des résidences Marchand et Stanton.

« J'ai passé beaucoup de temps à jouer et à chanter dans ces escaliers avec Roch Voisine et Daniel Boivin. L'acoustique était géniale. On jouait en français et en anglais : on passait de Harmonium aux Eagles comme si de rien n'était. »

Après ses études, Gregg a déménagé à Toronto, où une maison d'édition scolaire lui a demandé de composer des chansons pour des manuels de français.

« De fil en aiguille, j'ai vite fini par interpréter moi-même les chansons. »

Gregg, qui jouait dans des gymnases d'école au début, se produit maintenant sous le nom de Gregg LeRock dans des auditoriums toujours pleins à craquer. Il fait découvrir aux enfants les joies d'apprendre une autre langue par la chanson.

708 mots

1. Dans le tableau ci-dessous, inscrivez trois sous-thèmes abordés par l'auteure. Pour chacun de ces sous-thèmes, construisez une toile sémantique de neuf mots (utilisés ou non dans le texte) en miroir. Pour chaque mot, vous devrez indiquer son antonyme. Consultez un dictionnaire des synonymes et antonymes.

Sous-thème 1 : _____

Noms	Adjectifs	Verbes
Antonymes		

Sous-thème 2 : _____

Noms	Adjectifs	Verbes
Antonymes		

Sous-thème 3 : _____

Noms	Adjectifs	Verbes
Antonymes		

Activité découverte (1) : Actes de compréhension et d'écriture

Pour cette activité de production orale et écrite, visitez les trois sites suivants :

- Le site de l'Ambassade de France au Canada, section Arts et Culture, Langue et Éducation
- Le site officiel du « Portail linguistique du gouvernement du Canada » : www.noslangues-ourlanguages.gc.ca
- Le site de l'Alliance des radios communautaires du Canada : www.radiorfa.com

Trouvez l'information qui vous permettra de connaître ces sites. Consultez tous les onglets disponibles sur les sites et sélectionnez les hyperliens d'intérêt pour l'apprentissage et la diffusion de la langue française.

De façon plus détaillée :

- Notez l'adresse URL et sélectionnez trois onglets de contenu pertinent à votre recherche.
- Expliquez quels sont les éléments de convivialité du site (apparence, hyperliens, visuel, autre).
- Donnez deux raisons pour lesquelles vous recommanderiez la consultation de ces sites.
- Indiquez quels liens vous pouvez établir entre ces sites et les thèmes proposés dans cette unité.

Acte de parole (2) : Découverte

1. Sur Internet, cherchez les conférences et les rencontres mondiales sur la francophonie, organisées dans les trois dernières années.
2. Choisissez une conférence, passée ou à venir, et trouvez-en le thème principal et les intervenants principaux.

Prenez la plume

Mise en contexte :

Vous avez récemment été nommé responsable et organisateur d'un événement célébrant le mois de la francophonie auprès de votre institution. Vous devrez planifier de façon détaillée cette rencontre en gardant à l'esprit :

- Qui seront les participants (à qui s'adresse cette conférence, cet événement);
- Quels seront les principaux intervenants;
- Quels seront le format et le contenu de la programmation;
- Quels seront la durée et l'emplacement de cet événement;
- Qui seront les bailleurs de fonds qui contribueront au financement requis;
- Quels seront les modalités de promotion et les modes de diffusion utilisés;
- Quelles seraient les personnalités (artistes, politiciens, personnes d'influence) que vous aimeriez inviter;
- Quel sera le nombre souhaité (minimum/maximum) de participants.

Utilisez les caractéristiques de la communication promotionnelle.

ÉCOUTEZ L'ENREGISTREMENT DU CD « À L'AFFICHE »
Quartet discute *La Grande Séduction*

COMPRÉHENSION ORALE ET ACTE DE PAROLE ÉCRITE (1)

Écoutez attentivement l'enregistrement du Quartet sur le film proposé. Dans la transcription de la discussion, quelques expressions sont propres à la langue parlée.

1) Que veut-on dire par les phrases suivantes?
   - « ... il y a quand même des blagues un peu quétaines, un peu, mais c'est quand même drôle. »
   - « C'est l'histoire d'un village qui s'appelle Sainte-Marie-La-Mauderne. "Mauderne" qui s'épelle "M-a-u-d-e-r-n-e" »
   - « Donc, ils perdent leur maire et le maire du village, étant policier à Montréal, arrête quelqu'un sur le bord de l'autoroute et découvre la drogue dans la valise de sa voiture. »
   - « Ils font plein d'affaires pour lui faire à croire que… qu'il pourrait avoir le même style de vie qu'il a à Montréal. »

2) À l'aide d'un dictionnaire, reformulez ces phrases en utilisant des mots et des constructions syntaxiques différentes, mais qui appartiennent au registre courant ou soutenu.

3) Cherchez dans la transcription d'autres expressions de niveau familier.

4) Intervenez dans la discussion. Selon vous, quels sont les enjeux dont il est question dans les trois documents audiovisuels?

5) Pouvez-vous comparer l'un de ces enjeux avec une difficulté que les jeunes de votre génération et de votre entourage éprouvent dans leur quotidien?

Prenez la plume

Mise en contexte
Dans les deux reportages de cette unité, ainsi que dans les commentaires sur le film *La Grande Séduction*, les concepts de minorités et les rapports de force entre sauvegarde de la langue, identité, maintien des patrimoines culturels, sont déterminants de la survie de communautés isolées. Il a aussi été suggéré que le maintien d'une culture passe aussi par la voix et les chansons.

Recherchez et comparez les mots et les enregistrements des deux chansons suivantes :

Yves Duteil, « La langue de chez nous »	Gilles Vigneault, « Mon pays »

Après l'écoute et la lecture des mots des deux chansons, choisissez cinq mots par chanson qui servent de fil conducteur et de noyau sémantique, de symboles d'accueil et d'appartenance des communautés francophones :

Yves Duteil, « La langue de chez nous »	Gilles Vigneault, « Mon pays »

À l'aide de ces dix mots, écrivez un texte poétique pour exprimer vos sentiments d'interaction avec la langue française (50 à 100 mots maximum).

Acte de parole (2) : La réalité et la fiction

1)   Effectuez une recherche sur les trois films suivants.

Trouvez des extraits et des mots qui valorisent les richesses et la variété de la langue française.

Être ou avoir 2002	Monsieur Lazhar 2011	Bienvenue chez les Ch'tis 2009

2) Choisissez un extrait de deux minutes (cela peut aussi être la bande-annonce) et faites-en une transcription. Vous pouvez l'écouter autant de fois que nécessaire pour bien comprendre ce qui est dit. Si vous ne comprenez pas un mot, cherchez à l'aide du dictionnaire Le nouveau Petit Robert (en ligne) ou autre dictionnaire en ligne.

3) Trouvez une critique de chaque film et transcrivez cinq mots que vous comprenez ou rencontrez pour la première fois dans le contexte cinématographique. Recherchez un antonyme pour chacun des mots choisis.

4) Visionnez l'un des films au complet et écrivez ensuite un bref paragraphe d'environ 50 mots pour inviter vos amis à visionner ce film. Soyez convaincant.

ACTE DE PAROLE ET D'ÉCRITURE (3) : TÂCHE AUTHENTIQUE

Mise en contexte : La Fondation P.G.L.

En 1977, après de nombreuses années comme président de l'Agence canadienne de développement international, Paul Gérin-Lajoie décide de fonder une organisation non gouvernementale qui contribuera à l'amélioration de l'éducation dans plusieurs pays de la francophonie. Parmi ses initiatives, depuis 26 ans déjà, la dictée PGL rassemble des milliers de jeunes autour d'un thème, d'une initiative humanitaire, d'un crayon et d'une dictée ou plusieurs dictées. Chaque mot bien écrit a le potentiel de devenir une contribution à l'amélioration des conditions de vie d'enfants qui vivent dans des pays défavorisés.

Visitez le site de la Dictée P.G.L. et, dans un premier temps, explorez les informations qui permettent de comprendre le mandat et les modalités de fonctionnement de cette initiative.

Ensuite, inscrivez-vous à la dictée et invitez vos collègues de classe, vos amis et votre famille à se joindre aux équipes participant à cette compétition pour améliorer votre français et vos interventions humanitaires.

1, 2, 3... prêt?

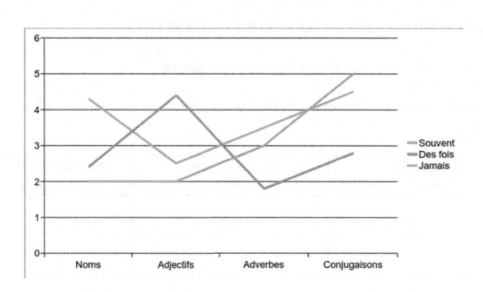

Le mot de la fin – Reformuler, imaginer, gazouiller

Revenons à Bernard Pivot. Parmi ses derniers livres figure le titre suivant :
« **Les tweets sont des chats** » **(2013)**
Parmi les citations de ce livre, Pivot s'exprime ainsi : « J'aime les *tweets* parce qu'ils partent en silence, circulent en silence et arrivent en silence. Les *tweets* sont des chats. »

1. En une phrase (pas plus de 140 caractères), expliquez le paradoxe connotatif dans le choix de titre pour ce livre.

_____

_____

2. Toujours en gazouillant, interprétez la citation ci-haut rapportée.

_____

_____

3. Interprétez et utilisez dans une phrase la locution « Réduire à la plus simple expression ».

_____

_____

4. Interprétez le sens de l'expression « Donner sa langue au chat ».

_____

_____

CADRE DE RÉFÉRENCE POUR LES APPROCHES PLURIELLES DES LANGUES ET DES CULTURES

Les savoirs

Animez une table ronde autour des descripteurs suivants

K 5.6.1   Savoir qu'il ne faut pas confondre le pays et la langue

K 6.1.1   Savoir que le système de sa propre langue n'est qu'un système possible parmi d'autres

K 6.9.3   Savoir que des sonorités proches peuvent donner lieu à des graphies complètement différentes dans des langues différentes

www.carap.ecml.at

UNITÉ 4

MOI AUSSI J'EXISTE

Le handicap, source d'inspiration

MISE EN CONTEXTE

Défini selon le dictionnaire Antidote comme étant une « **impossibilité ou difficulté permanente de faire quelque chose à cause d'un mauvais fonctionnement ou d'un non-fonctionnement d'une partie du corps** », le handicap est une réalité vécue par de nombreuses personnes de tout âge et de toutes conditions. Une lecture de l'extrait de Jeanne Pelat, dans son livre : *Résiste! Une vie dans un corps que je n'ai pas choisi*, nous propose différentes perspectives par rapport à la vie avec un handicap.

> « Et si la maladie était un cadeau? Elle m'a ouvert de multiples horizons. Elle a transformé ma vie, qui ne m'est jamais apparue si précieuse. Pourquoi moi? Je ne me pose plus la question. Guérir est hors de portée et ce n'est même pas souhaitable. Tant pis, je fais avec la myopathie. Je vis avec et je ne me sens pas malheureuse. Je suis contente, j'ai une belle vie! Je peux me battre pour les autres. Dans une bataille au long cours engagée contre les maladies rares. »

PRÉACTIVITÉ, SAVOIR-FAIRE — ACTES DE PAROLE : LEXIQUE

En consultant un dictionnaire, avec les mots ci-dessous, formulez dix phrases qui permettent de mieux comprendre les concepts présentés dans cette unité.

Tableau A – Lexique spécialisé

amblyopie	dégénérescence	incapacité fonctionnelle	insensibilité
amputation	handicap mental	invalidité	sensibilisation
amyotrophie	handicap physique	malformation congénitale	surdité
autisme	handicap sensoriel	myopathie	tétraplégie
déficience	handicap visuel	paralysie	traumatisme

1. _____

2. _____

3. _____

4. _____

5. _____

6. _____

7. _____

8. _____

9. _____

10. _____

ACTIVITÉ 1 — RECONNAISSANCE DE DOMAINES ET DE CONTEXTES D'INTERACTION

En petits groupes, en vous inspirant des domaines listés dans le Tableau B ci-dessous, choisissez des actes de la vie quotidienne, selon les différents domaines (personnel, public, professionnel, éducationnel) et remplissez les grilles A et B.

Tableau B — Contexte externe d'usage — Extrait du Cadre européen de référence

Domaine	Personnel	Public	Professionnel	Éducationnel
Actes	gestes de la vie quotidienne, par exemple : s'habiller, se déshabiller, cuisiner, manger, se laver… bricolage, jardinage, lecture, radio et télé, passe-temps, jeux/sports	achats, utilisation de services médicaux, voyages par : route/train/bateau/avion, sorties en ville/loisirs, offices religieux	administration des affaires, gestion industrielle, opérations de production, procédures administratives, transport par route, opérations de vente, commercialisation, applications informatiques, entretien des bureaux	assemblées (générales), leçons, jeux, récréation, clubs et associations, conférences, dissertations, travaux pratiques en laboratoire, travaux en bibliothèque, séminaires et travaux dirigés, travail personnel, débats et discussions

Grille A :

Domaine	Personnel	Public
Actes		
Actes		
Actes		

Grille B :

Domaine	Professionnel	Éducationnel
Actes		
Actes		
Actes		

ACTIVITÉ 2 – ACTE DE PAROLE : PARTAGE ET DISCUSSION

1. Choisissez la grille A ou B et quatre mots du tableau A du début de l'unité.
2. Associez-vous avec un partenaire qui aura choisi la grille opposée.
3. Imaginez comment des personnes porteuses de handicap ou affectées d'une condition de santé particulière peuvent accomplir les actes proposés par les grilles A et B.
4. Comparez ce que vous considérez comme étant la normalité avec l'exception.
5. Partagez des expériences ou des témoignages représentatifs dans le contexte de cette mise en commun.

DOSSIER A — SAVOIR-FAIRE : COMPRÉHENSION ORALE, DISCUSSION — PARTAGE

« MÊME HEURE, MÊME POSTE »

Reportage : Ivana Leba – La Cité collégiale, Ottawa

Étape 1 : Visionnement avec accompagnement sonore

Écoutez et relevez 10 mots clés de ce reportage. Complétez les deux colonnes du tableau C.

Tableau C

VERBES	NOMS ou ADJECTIFS

Synthétisez oralement le contenu du reportage écouté et développez trois idées qui permettent une association avec l'activité 3. Relevez des préoccupations ou problématiques semblables ou mentionnées lors de votre discussion initiale.

COMPRÉHENSION GÉNÉRALE DE L'ÉCRIT : DÉTAIL, COMPLEXITÉ, REFORMULATION

TEXTE 1 : « LES JEUX PARAPANAMÉRICAINS ONT UNE SIGNIFICATION BIEN SPÉCIALE POUR CAMILLE BÉRUBÉ » DE L'ÉQUIPE DE L'INFORMATION DES GEE-GEES

Pour la nageuse des Gee-Gees, Camille Bérubé, compétitionner aux Jeux parapanaméricains en sol canadien est une expérience unique. Il est possible que cette athlète médaillée de l'équipe nationale se retrouve sur le podium à Toronto, mais pour cette vétérane de six ans, il sera important de faire preuve de leadership pour l'équipe canadienne. « Je souhaite être un bon leader cet été, car c'est beaucoup plus gratifiant de réussir en équipe. »

La natation est l'un des sports les plus anciens pour les athlètes ayant une déficience; elle fait partie des Jeux Olympique[s] depuis les Jeux paralympiques de 1960, qui ont eu lieu à Rome. [...]

Bérubé, qui a deux jambes à mobilité réduite depuis sa naissance, […] a commencé à nager à l'âge de huit ans pour satisfaire son envie de faire du sport. […]

« [Camille] est une athlète du "Type A" typique. Elle est motivée d'être la meilleure athlète possible. Je pense qu'elle est encore plus incitée à devenir la meilleure parce qu'elle est une athlète paralympique », dit l'entraîneur de sept ans de Bérubé, Dave Heinbuch. « [Avec les Gee-Gees] son leadership vient du fait qu'elle refuse de baisser les bras. Elle ne laisse pas sa déficience physique avoir un effet sur la façon dont elle s'entraîne. Il est étonnant de la voir lors des entraînements hors piscine et ceux dans la piscine. Elle refuse de se trouver des excuses. Quand les gens la voient s'entraîner, ils n'ont rien à lui reprocher. »

Camille décrit son expérience aux Jeux paralympiques comme étant surréaliste, incroyable, unique et à couper le souffle. « Il est impossible de décrire le sentiment qui accompagne la participation à un si grand événement, où tous les pays se rassemblent avec le même objectif en tête. »

Bien que Bérubé sache comment se préparer psychologiquement pour de grands événements, elle se souvient de ses débuts et de sa première compétition à l'échelle internationale. « C'était une expérience d'apprentissage; je me souviens d'avoir été à la compétition et de ne pas vraiment comprendre ce qui se passait. Tout me semblait comme un rêve. À 14 ans, j'étais la plus jeune nageuse de l'équipe canadienne, mais j'ai tout de même fini sur le podium. Ce n'était que le début de ma carrière! Je ne crois pas que je m'étais rendu compte à ce moment-là de toutes les belles occasions, les belles amitiés et les beaux souvenirs que la natation m'apporterait. »

La natation à un niveau d'élite est devenue un mode de vie pour Camille, mais elle n'a pas perdu de vue l'objectif global, soit la vie en dehors du sport. « On me pose souvent la question suivante : si votre carrière de natation prenait fin aujourd'hui, de quoi seriez-vous le plus fière? Ma réponse est toujours ainsi : la personne que je suis devenue. Le sport est beaucoup plus que des prouesses sportives, car les gens se souviendront de vous pour qui vous êtes et non pas pour le nombre de médailles que vous avez gagné. »

Comme beaucoup d'autres athlètes, la route vers les Jeux parapanaméricains a eu ses hauts et ses bas. Elle s'est qualifiée pour les Jeux à raison de quelques millisecondes. Ainsi, même les athlètes de plus haut niveau ne connaissent pas le succès unanimement; même les athlètes les plus qualifiés doivent avoir de la persévérance et de la détermination face à l'adversité.

Camille a hâte de compétitionner en sol canadien. Elle s'attend à une ambiance de foule hors du commun. La foule étant d'autres Canadiens, sa famille et ses amis. « Cette année a été remplie de défis, mais j'ai le sentiment que tout se déroulera bien aux Jeux. La réussite n'est obtenue que par la succession de défis surmontés », fait valoir Camille, au sujet de ses objectifs quant à sa participation aux Jeux.

633 mots

PRÉACTIVITÉ : SAVOIR-FAIRE

À l'aide d'un dictionnaire, reformulez les expressions suivantes utilisées dans le texte.

être une vétérane de six ans	
la gratification de réussir en équipe	
avoir deux jambes à mobilité réduite	
refuser de baisser les bras	
refuser de se trouver des excuses	
se préparer psychologiquement	
vivre une expérience d'apprentissage	
le sport et les prouesses sportives	

Tâche d'écriture : le résumé

En paraphrasant les expressions ci-dessus, résumez l'article en ne dépassant pas 100 mots.

Activité découverte : Actes de paroles et d'écriture

Mise en Contexte

Fabien Marsaud, mieux connu sous son nom d'artiste Grand Corps Malade, a lutté pour surmonter les suites d'un grave accident qui devait le rendre paralysé pour la vie. Grand sportif avant son accident, grâce à sa détermination, il transformera son nouveau potentiel physique pour devenir un artiste de slam tout en poursuivant des études universitaires et en fondant une famille. Aujourd'hui parrain de l'association Sourire à la Vie, Grand Corps Malade a participé en février 2016 à un spectacle de théâtre, danse et variété monté par des enfants atteints d'un cancer. Un témoignage émouvant et très riche est présenté dans l'émission

« Toute une histoire » diffusée sur les ondes de France 2, le 29 janvier 2016.

Acte de parole (1) : Hier, aujourd'hui et demain

Pour cette activité de production orale et écrite, visitez deux sites :
Le site de l'Association Sourire à la vie : http://www.sourirealavie.fr/
Le site officiel de Grand Corps Malade : http://www.grandcorpsmalade.fr/

Trouvez l'information qui vous permettra de connaître l'Association Sourire à la Vie, son histoire, ses buts, ses membres actifs, ses initiatives. Consultez tous les onglets disponibles sur le site et visionnez les vidéos en ligne sur le site afin de mieux comprendre les activités de l'association.

Acte de parole (2) : Découverte

Sur le site officiel de Grand Corps Malade, visitez les différents albums de sa discographie et sélectionnez ceux qui pourraient être vos cinq albums préférés. Remplissez un « Panier de souhaits », en précisant pour chacun des albums quels sont les thèmes qui vous attirent, le titre d'une ou deux chansons, une phrase tirée de la chanson.

Le slam est un art particulier : paraphrasez, en écrivant en français plus standard, un refrain, un couplet, une ligne de la chanson « Funambule » de Grand Corps Malade. Expliquez pourquoi vous avez choisi cette ligne.

Acte de parole (3) : Tâche fictive et... authentique

Prenez la plume

Forme privilégiée : Campagne de financement philanthropique

Vous connaissez un enfant atteint du cancer. Écrivez un message à vos parents et amis, et demandez-leur de contribuer à financer un projet en particulier de cette association, chacun selon ses moyens. Soyez convaincant et persuasif, grâce à une présentation claire, succincte mais complète, ainsi qu'à une argumentation passionnée. Attention à ne pas tomber dans le lyrisme ou l'apitoiement. Utilisez des exemples pour expliquer les raisons de cette requête de financement.

Utilisez les caractéristiques du texte explicatif et argumentatif.

« Prisonnière de moi-même »
Reportage : Jérôme Bergeron – La Cité collégiale, Ottawa

En petits groupes, répondez aux questions suivantes :

- Qu'est-ce qui vous surprend dans ce que vous avez visionné?
- Regard critique : choisissez deux éléments que vous avez aimés et deux pour lesquels vous auriez des suggestions (montage, contenu, accompagnement sonore, visuel, autre).
- Partagez un sentiment ressenti à la suite de ce reportage.
- Choisissez un autre titre pour ce reportage.

Préactivité, Savoir-faire — Actes de parole : Lexique

Après avoir écouté une deuxième fois les deux reportages de cette unité 4, à l'aide d'un dictionnaire, explorez le sens et la nature des expressions suivantes et formulez une expression équivalente en distinguant les niveaux de langue plus familiers.

Ça a vraiment débloqué	J'en ai une couple
Il faut que ça sorte	Ça va me démanger
Débarrasse-moi de ça	Ça pète

Savoir-faire : compréhension et écriture

Texte 2 : « Passe parfaite pour la santé mentale » de Linda Scales

Écoutez l'étudiante-athlète Krista Van Slingerland parler de l'initiative nationale en santé mentale pour les étudiants-athlètes qu'elle a cofondée en mars 2014, et vous saurez que vous avez affaire à une héroïne, quelqu'un qui souhaite améliorer le monde pour les nombreux athlètes universitaires qui ont à surmonter l'épreuve qu'elle a vécue.

Krista Van Slingerland est étudiante à la maîtrise en sciences de l'activité physique à l'Université et joue au poste d'arrière dans l'équipe féminine de basketball des Gee-Gees. Elle a souffert de dépression et d'anxiété cliniques alors qu'elle était étudiante de premier cycle dans une autre université et, bien que son histoire soit personnelle et difficile à dire, elle la raconte souvent à ses pairs ou lors de visites dans des organisations sportives et des universités de partout au Canada.

L'étudiante sait qu'exprimer ses émotions peut changer les choses. « C'est pourquoi il est important de parler ouvertement des sujets délicats, comme le suicide », croit-elle.
Ce qui différencie les étudiants-athlètes des autres étudiants, qui affichent le même taux de problèmes de santé mentale, c'est la force mentale qu'on leur demande de démontrer, qui s'est ancrée dans leur psyché, et qui peut les empêcher de chercher de l'aide et du soutien professionnels.

« Dans le domaine du sport, la maladie mentale est presque traitée comme une blessure physique, explique Krista Van Slingerland. « Me suis-je fait mal, suis-je blessée? Si je peux me forcer pour continuer à jouer, alors je vais le faire. Ce n'est pas très sain, mais c'est la culture qui prévaut dans le monde du sport. »

En plus, les étudiants-athlètes font face à une immense pression. « Il est faux de présumer que les athlètes peuvent automatiquement faire preuve d'une résilience naturelle aux stress », ajoute-t-elle, en pensant aux défis interminables de la conciliation entre les études, les cours, la pratique et les compétitions sportives, les rencontres entre amis, les visites familiales et l'exécution de petites tâches courantes, comme la lessive.

Krista Van Slingerland, en collaboration avec la diplômée (et ex-joueuse de hockey des Gee-Gees), Samantha DeLenardo, a mis sur pied l'Initiative en santé mentale pour les étudiants-athlètes (ISMÉA), afin de sensibiliser la population aux difficultés liées à la santé mentale que vivent de nombreux étudiants-athlètes et de fournir de l'information sur les ressources disponibles.

L'Université, y compris le Service des sports, tente de rendre la vie plus facile aux étudiants-athlètes en leur offrant divers types de soutien, comme des bourses, des séances de tutorats et des fonds pour la nourriture et l'hébergement lorsqu'ils participent à des compétitions. Cependant, l'Université veut en faire plus pour ses étudiants-athlètes en leur offrant un meilleur encadrement sportif, des installations d'entraînement améliorées et plus d'attention individuelle pour favoriser à la fois leur épanouissement physique et mental.

L'Université s'inspire du travail de Krista Van Slingerland dans le domaine de la santé mentale et investit davantage dans le soutien aux étudiants-athlètes. Elle invite également la communauté à l'aider à maintenir la barre aussi haute que l'a fixée Krista Van Slingerland.

507 mots

Reformuler, imaginer, raconter

1.   Interprétez et justifiez le choix de titre pour cet article.
        _____

2.   Choisissez la phrase qui énonce l'idée essentielle.
        _____

3.   Reportez une phrase qui propose un sujet argumentatif.
        _____

4.   Repérez trois besoins des jeunes exprimés par l'auteure de cet article.

a)   _____
b)   _____
c)   _____

5.   Sélectionnez trois sous-thèmes abordés par l'auteure. Pour chacun de ces sous-thèmes, construisez une toile sémantique de neuf mots (utilisés ou non dans le texte). Les mots doivent être des mots composés ou dérivés par affixes. Consultez un glossaire de préfixes et suffixes.

Sous-thème 1 : _____		
Mots composés	Mots formés par préfixation	Mots formés par suffixation
Sous-thème 2 : _____		
Mots composés	Mots formés par préfixation	Mots formés par suffixation
Sous-thème 3 : _____		
Mots composés	Mots formés par préfixation	Mots formés par suffixation

Synthétiser, relever des informations, formuler des arguments

- Résumez dans un paragraphe de 50 mots le témoignage proposé dans cette rubrique.
- Établissez un lien entre la perception de la maladie et celle du bonheur chez les jeunes.
- Écrivez quatre gazouillis pour souligner une exposition artistique ou une compétition parasportive qui mette en vedette des personnes porteuses de handicap.

Écoutez l'enregistrement du CD « À l'affiche »
Quartet discute *La Famille Bélier*

Compréhension orale et acte de parole écrite (1)

Écoutez attentivement l'enregistrement du Quartet sur le film proposé.

1. Quels sont les éléments de la discussion qui se rapprochent directement ou indirectement de la thématique de cette unité?
2. Revenez au tableau B du début de l'unité. Reconnaissez-vous, dans la discussion du Quartet, des éléments qui sont listés sous un domaine ou l'autre du tableau? Encerclez-les dans la grille.

Tableau B — Contexte externe d'usage — Extrait du Cadre européen de référence

Domaine	Personnel	Public	Professionnel	Éducationnel
Actes	gestes de la vie quotidienne, par exemple : s'habiller, se déshabiller, cuisiner, manger, se laver… bricolage, jardinage, lecture, radio et télé, passe-temps, jeux/sports	achats, utilisation de services médicaux, voyages par : route/train/bateau/ avion, sorties en ville/ loisirs, offices religieux	administration des affaires, gestion industrielle, opérations de production, procédures administratives, transport par route, opérations de vente, commercialisation, applications informatiques, entretien des bureaux	assemblées (générales), leçons, jeux, récréation, clubs et associations, conférences, dissertations, travaux pratiques en laboratoire, travaux en bibliothèque, séminaires et travaux dirigés, travail personnel, débats et discussions

Prenez la plume

Dans les deux reportages de cette unité, ainsi que dans les commentaires sur le film *La Famille Bélier*, la musique et les arts prennent beaucoup de place dans la vie des gens considérés normaux et encore plus chez les personnes souffrant d'une dysfonction physique ou physiologique.

Mise en contexte
Racontez-nous l'histoire vraie ou fictive de quelqu'un ayant surmonté son handicap grâce aux sports ou aux activités artistiques, ou à la persévérance et aux traitements. Inspirez-vous du témoignage de Andrew Gosse, raconté dans le reportage de Nimish Mukerji, « L'homme invisible ».

> J'étais sur le point de partir quand j'ai remarqué une petite plaie sur mon coude gauche. C'était peut-être de la taille de l'ongle de mon petit doigt. Ce n'était pas normal.

Comme lui, prenez la plume à la première personne et écrivez en soignant les temps du récit. Vous pouvez consulter des ressources pour revoir certaines techniques d'écriture, par exemple : http://www.aproposdecriture.com/les-temps-du-recit (300-350 mots maximum).

ACTE DE PAROLE (2) : LA RÉALITÉ ET LA FICTION

1. **Effectuez une recherche** sur l'un des six films suivants et présentez le « handicap » des protagonistes.

La Famille Bélier (2014)	Babine (2008)	Gabrielle (2013)

En solitaire (2013)	Le Bossu de Notre-Dame (1996)	Paul à Québec (2015)

2. Dites en quelle mesure l'art, musique ou autre, influence ou habite l'histoire des protagonistes.
3. **Exprimez votre opinion** sur un élément du film choisi qui vous touche, vous attire ou qui vous dérange. Appuyez votre choix sur une ou deux justifications.

ACTE DE PAROLE ET D'ÉCRITURE (3) : TÂCHE AUTHENTIQUE

Mise en contexte
Votre frère ou sœur et vous venez de recevoir un héritage important de la part d'un membre de votre famille. Il vous lègue beaucoup d'argent et, parce que vous êtes philanthrope, vous allez faire un don substantiel à l'une des associations suivantes :

Le SGT (Syndrome de Gilles de la Tourette) semble toucher 1,5 à 3 fois plus les hommes que les femmes. Il survient approximativement chez 4-5 sujets pour 10 000. Il faut une vulnérabilité chromosomique pour développer le SGT. La « vulnérabilité » implique que l'enfant reçoit une prédisposition génétique ou constitutionnelle. Le type précis ou la sévérité du trouble peuvent être différents d'une génération à une autre. Pour en savoir plus : contactez l'Association Québécoise du Syndrome de la Tourette – www.aqst.com	Le Programme pour enfants amputés (LES VAINQUEURS) offre un éventail de services aux enfants amputés et à leur famille, notamment de l'aide financière, des séminaires régionaux et du soutien par les pairs. Partout au Canada, le Programme LES VAINQUEURS vient en aide aux jeunes âgés de moins de 18 ans qui sont nés avec un membre en moins ou qui sont amputés en raison d'un accident ou d'une maladie. Les enfants à qui il manque plusieurs membres pourraient aussi être admissibles à ENVOL. Pour de plus amples renseignements, veuillez communiquer avec le Programme LES VAINQUEURS de l'Association des Amputés de guerre. — vainqueurs@amputesdeguerre.ca

Le handicap mental est souvent associé à la trisomie 21 qui est repérable et bien identifiée du grand public. Cependant, il recouvre des situations individuelles spécifiques et des pathologies multiples. En effet, le handicap mental n'est pas toujours visible de prime abord et peut ne se révéler que lorsque l'on entre en communication avec la personne concernée. Ces origines peuvent être d'ordre génétique, congénital, accidentel... Quelle qu'en soit l'origine, le handicap mental vient réduire les facultés intellectuelles du sujet, sa compréhension, ses apprentissages, son jugement, son attention, sa capacité à décider. Il limite l'autonomie de la personne et modifie ses relations aux autres. Faire connaître le handicap mental, c'est faire dépasser les préjugés qui s'y attachent.

Pour en savoir plus, consultez nos dossiers
Association Perce-Neige : http://www.perce-neige.org

Au Centre Artisanal pour la Déficience-intellectuelle de l'Outaouais (C.A.D.O.), nos artisans sont très fiers de participer à la fabrication de beaux objets de décoration pour les fêtes. Leur savoir-faire et leur patience incroyable leur permettent de vous proposer des conceptions artisanales originales qui vous enchanteront. Fabriqués avec grand soin, vous les conserverez à jamais. Les fonds récoltés servent au C.A.D.O. à fournir à nos artisans un cadre de vie toujours plus accueillant.

Vous pouvez en voir un échantillon ci-dessous ou venez choisir vous-même l'objet qui vous tente au C.A.D.O.

Tous ces articles sont disponibles à nos bureaux. Nous serons heureux de vous y accueillir.

Centre Artisanal pour la Déficience-intellectuelle de l'Outaouais
http://cado-qc.ca/le-centre/#contact

- Visitez les sites des quatre associations.
- Préparez un formulaire qui vous permettra de comparer les caractéristiques des différentes associations : mandat, histoire, bénéficiaires, activités, objectifs, etc.
- Élaborez une liste des donateurs, parrains, ou associés qui appuient par leurs contributions l'association qui vous intéresse davantage.
- Préparez une liste de questions que vous poseriez pour savoir ce qui adviendrait de votre argent.
- **Écrivez à votre frère ou sœur et expliquez pourquoi vous avez décidé de léguer une partie de l'héritage familial à l'association de votre choix. Vous savez que vous allez rencontrer l'opposition de votre parenté. Soyez donc clair sur les raisons et les modalités du don, tout en rassurant ceux qui craignent de perdre quelque chose qui leur appartient.**

CADRE DE RÉFÉRENCE POUR LES APPROCHES PLURIELLES DES LANGUES ET DES CULTURES

Les savoir-être

Animez une table ronde autour des descripteurs suivants

A 10   Volonté de construire des connaissances ou des représentations « informées »
A 10.2   Volonté de prendre en compte la complexité, d'éviter les généralisations
A 11   Disponibilité à (ou volonté de) suspendre son jugement, ses représentations acquises ou ses préjugés

www.carap.ecml.at

UNITÉ 5

REGARDS

Identités, découvertes et altérités

MISE EN CONTEXTE

« En cette époque tumultueuse, il nous faut défendre les droits et la dignité de tous ainsi que la diversité et le pluralisme. [...] S'en prendre à une communauté minoritaire veut dire s'en prendre à tous... »

M. Ban Ki-moon, Secrétaire général de l'ONU
Message 2016

PRÉACTIVITÉ, SAVOIR-FAIRE — ACTES DE PAROLE : LEXIQUE

Visitez le site des Nations Unies : www.un.org.

Familiarisez-vous avec les différents mandats de cette organisation.

Déterminez cinq célébrations internationales soulignées par cette organisation, et discutez de l'importance que revêtent les aspects sociaux identifiés par ce calendrier annuel.

Choisissez les cinq dates que vous considérez comme prioritaires : journée, semaine, année ou décennie. Consultez le site : www.un.org/fr/sections/observances/international-days.

__ janvier	1er au 7 février	1er mars	__ avril
	La Semaine mondiale de l'harmonie interconfessionnelle	Journée zéro discrimination	
__ mai	__ juin	__ juillet	__ août
__ septembre	__ octobre	__ novembre	__ décembre

Pour chacune des observances choisies, relevez quelques éléments descriptifs ou informatifs donnés sur le site et qui sont identifiés dans les affiches thématiques accompagnant les différentes activités :

Activité 1 :
À partir des deux observances proposées dans le calendrier ci-dessus, abordez la recherche d'information et la discussion :

Observance :

1er au 7 février : La Semaine mondiale de l'harmonie interconfessionnelle	
Célébration	
Documents	
Événements	
Buts	
Actions	
Données	
Matériel vidéo complémentaire	

En petits groupes, avec les 12 mots de vocabulaire rattachés à la thématique en rubrique proposés ci-dessous, discutez de l'observance proposée et présentez les données informatives que vous avez trouvées en consultant Internet ou d'autres sources d'information.

Tableau sémantique 1

compréhension mutuelle	interconfessionnalité	sécularité
dialogue	coopération	synagogue
traditions	croyances	convictions
églises	mosquée	temples

Activité 2 :

Complétez maintenant vous-même, avec vos propres idées et représentations, le tableau et la recherche de vocabulaire pour l'observance suivante : 1er mars – Journée zéro discrimination.

Tableau sémantique 2

Activité 3 :

Comparez les mots regroupés dans votre tableau sémantique 2 avec ceux qui vous sont proposés sur le site officiel de l'ONU.

Observance :

1er mars : Journée zéro discrimination	
Célébration	
Documents	
Événements	
Buts	
Actions	
Données	
Matériel vidéo complémentaire	

Activité 4 :

Reprenez les activités de 1 à 3 avec une autre observance qui vous tient à cœur et qui n'a pas encore été proposée dans le calendrier de l'ONU.

DOSSIER A — SAVOIR-FAIRE : COMPRÉHENSION ORALE, DISCUSSION — PARTAGE

« LE CONVERTI »
Reportage : Edward Roué – La Cité collégiale, Ottawa

Étape 1 : Premier visionnement sans accompagnement sonore
Visionnez le premier des deux reportages qui vous sont proposés dans cette unité.

Activité A.1 — Remue-méninges thématique :
À la suite de ce premier visionnement, établissez des liens entre les images du reportage et les activités proposées au début de cette unité. Quelles sont trois relations de conceptualité, causalité ou conséquence qui permettent de rester dans les thématiques sociales proposées par les sites visités?

Étape 2 : Deuxième visionnement avec accompagnement sonore

Activité A.2 – Pseudo-Sudoku :
Avec les mots du reportage, complétez un tableau sémantique qui vous permette de discuter des points relevés avec l'activité remue-méninges thématique. Votre choix de mots doit refléter une continuité, linéaire et transversale, avec les mots déjà insérés dans le tableau.

Tableau sémantique A.2 – Pseudo-Sudoku

Questionnement		
	Harmonie	
		Apogée

Répondez aux questions suivantes :

- Pourquoi Henrik, le protagoniste du reportage, n'a-t-il pas choisi le catholicisme ou le taoïsme?
- Comment la religion de l'islam est-elle perçue par le néophyte?
- À quels événements d'actualité le journaliste a-t-il associé le parcours du « converti »?
- Quel est le regard porté par les sociologues sur les choix de vie des jeunes?
- La lutte sur soi-même est une quête d'absolu pour certains croyants de plusieurs confessions. Donnez des exemples justifiant ou rejetant cette perspective.

_____

_____

_____

_____

_____

Prenez la plume

Forme privilégiée : Opinion du lecteur

Destinataire visé : Un quotidien d'actualité

Mise en contexte :
Un exemple d'ouverture : « Christian de Chergé. »

Un événement survenu à cette époque sera déterminant pour lui, tant dans son amour pour l'Algérie et les Algériens que dans son ouverture et son intérêt pour les musulmans. Christian se lie d'amitié avec Mohamed, un garde champêtre musulman d'une des communes administrées. *« J'ai eu l'immense chance de pouvoir travailler avec Mohamed, un homme très simple qui était garde-champêtre [sic] [...] et c'était la première fois que je pouvais, en adulte, parler de Dieu aussi simplement, dans la conscience claire qu'il était musulman et dans l'affirmation simple que j'étais chrétien ». [...]* Ce furent des années d'approfondissement spirituel de la tradition religieuse musulmane. Il expliquera : *« ce qui me paraissait important c'était l'apprentissage de la langue et la fréquentation du Coran dans un but tout à fait particulier... pour entrer en dialogue avec nos voisins si l'occasion s'en présentait ».*

Sa curiosité passionnée le porte à scruter de manière contemplative (en moine) le mystère de l'Algérie devant Dieu.

Sujet choisi : « Quand un A-Dieu s'envisage... »

Regards commémoratifs : 1996 – 2016

L'extrait choisi ci-dessus nous permet de saisir une fraction du témoignage direct d'un homme qui a non seulement compris ce que doit être la tolérance, mais qui a poussé à la limite et au prix de sa propre vie, le vrai sens de l'acceptation et de l'ouverture.

Dans le testament « Quand un A-Dieu s'envisage... », qui a été retrouvé après sa mort, Christian de Chergé exprime clairement la nécessité d'un regard purifié de tout préjudice ou préjugé.

Commentez un texte ou une affiche qui propose une initiative œcuménique ou de rencontre interconfessionnelle. Exprimez votre opinion sur les éléments qui, selon vous, favorisent le dialogue interculturel. Privilégiez le texte de nature argumentative (350 à 500 mots maximum).

Compréhension générale de l'écrit : détail, complexité, reformulation

<u>Regards esthétiques</u>

Texte 1 : « Une étudiante à l'image corporelle étonnamment positive » de Brandon Gillet

L'été dernier, Isa-Bella Leclair, étudiante à l'Université d'Ottawa, a fait sensation sur les médias sociaux avec un témoignage inspirant publié dans un blogue intitulé The Lymphie Life. Atteinte d'une maladie congénitale, la jeune femme affichait une image corporelle singulièrement positive qui n'a pas tardé à créer du buzz. Depuis, elle est apparue dans les magazines People et Seventeen, ainsi que dans l'émission Good Morning America.

Isa-Bella Leclair souffre depuis la naissance du syndrome de Parkes-Weber (PW), une angiodysplasie (présence de multiples vaisseaux sanguins anormaux) qui affecte sa jambe droite, avec comme conséquence un lymphœdème : au lieu de circuler normalement, le fluide lymphatique s'accumule dans le membre, entraînant une tuméfaction prononcée de ce dernier. La jeune femme porte un bas à compression spécial, mais le soulagement procuré est de courte durée, car au fur et à mesure que la journée avance, la gravité fait son œuvre et la jambe se gonfle de plus en plus.

« Au réveil, ma jambe va un peu mieux, mais quand je me couche, elle est de nouveau très enflée », explique Isa-Bella.

Après avoir publié son histoire sur Facebook, elle a été contactée par Barcroft Media pour réaliser une vidéo sur l'image corporelle positive. Diffusée l'été dernier, la vidéo a attiré l'attention d'un télédiffuseur international, qui a mis sur pied une équipe pour filmer l'étudiante dans le cadre d'un documentaire sur les maladies congénitales.

« J'étais vraiment surprise, car je ne m'attendais pas à ce que mon témoignage devienne viral », confie la jeune femme.

Tout a commencé alors que, sur le point de subir des traitements, elle cherchait juste un peu d'information. Elle est ainsi entrée en contact avec Alexa Ercolano, la blogueuse de The Lymphie Life, également atteinte par la maladie. Alexa lui a alors demandé une photo et Isa-Bella lui en a envoyé une de ses vacances d'été où elle s'amusait avec sa famille, sans jamais s'imaginer que son histoire retiendrait l'attention du grand public ni qu'elle deviendrait une messagère de l'image corporelle positive.

« Pour moi, le plus important, c'est la sensibilisation [au syndrome de PW] », avoue-t-elle.

« En ce qui concerne l'image corporelle, je trouve super que cela permette aux gens de changer leurs perceptions. Mais le fait que la maladie commence à être connue du public, c'est ça qui compte surtout. »

Isa-Bella abrite l'espoir qu'après la diffusion prochaine du documentaire, les gens commenceront à se départir de leur malaise face à elle ou à d'autres personnes handicapées, tout en apprenant à manifester une saine curiosité.

« J'espère que les gens oseront poser des questions aux personnes handicapées, au lieu de se contenter de les regarder fixement », explique-t-elle. « Et à ceux et celles qui vivent avec un handicap, je leur dis : n'ayez aucune honte de vous-mêmes. Trouvez le côté positif. Et par-dessus tout, aimez-vous vous-mêmes. »

472 mots

Préactivité, Savoir-faire — Actes de parole : Lexique

Activité de compréhension écrite

Détails : Trouvez une formule équivalente aux expressions suivantes utilisées dans le texte.

image corporelle positive	créer du buzz
un lymphœdème	entraîner une tuméfaction
retenir l'attention du grand public	les maladies congénitales
changer les perceptions	un bas à compression
manifester une saine curiosité	aimez-vous vous-mêmes

Activité de production écrite

Réemployez les expressions dans cinq nouvelles phrases et dans un contexte différent de celui proposé par le texte. Agencez deux expressions dans la même phrase en utilisant des éléments grammaticaux de subordination.

a) _____

b) _____

c) _____

d) _____

e) _____

Complexité : Le texte argumentatif

Écrivez un texte éditorial dans lequel vous proposez une réflexion sur les standards d'acceptation (beauté, croyances, perceptions) et la réalité présentée dans l'actualité. Relevez les contrastes et prenez position.

Établissez un plan, respectez le sujet proposé, détaillez votre opinion par une argumentation solide, mais concise. Respectez les normes de cohésion grammaticale et de cohésion textuelle.

Dossier B — Savoir-faire : compréhension orale, discussion — Partage

« D'elle à lui »
Reportage : Amélie Richard – La Cité collégiale, Ottawa.

Acte de parole (1) : Hier, aujourd'hui et demain

Avant de visionner le reportage, décrivez en une phrase ce que le titre de ce reportage vous suggère. À quoi vous fait-il penser?

Échangez votre billet avec un ou une collègue de classe. Comparez vos réponses et, avec celles-ci, soumettez deux réflexions qui permettront de creuser l'idée proposée par votre collègue.

Réflexion 1 :	Réflexion 2 :

Réflexion 1 :	Réflexion 2 :

Pensez aux réflexions que vous avez proposées. Répondez aux questions suivantes :

1. Font-elles partie de l'actualité du monde occidental ou sont-elles représentatives d'un phénomène universel?
2. Sont-elles le reflet de problématiques immuables ou de problématiques en évolution?
3. Sont-elles rattachées à une réalité dont vous êtes directement ou indirectement témoin?

ACTE DE PAROLE (2) : DÉCOUVERTE

Visionnez le deuxième reportage qui vous est proposé dans cette unité (« D'elle à lui »). Situez dans le temps et l'espace le contenu de ce reportage. Trouvez des mots clés pour en parler selon la grille thématique suivante :

Le vécu	Le quotidien	Le besoin	La science

Lisez ces extraits d'une conférence de Bernard Van Meenen, Le corps, lieu de la rencontre dans le bouddhisme. Conférence de Bernard Van Meenen, prêtre et théologien, aux assises des Voies de l'Orient en 2006. Publiée le 9 juillet 2014.

Il y a donc pour chaque corps plus d'une manière de s'exprimer, de tenir un langage parlant de ce qui lui arrive et de ce qui l'affecte, de ce qu'il veut dire ou ne pas dire. […]

L'on peut songer aussi […] à celui ou celle qui affecte son corps de signes visibles qui, selon le point de vue qu'on adopte, parlent un langage conforme ou non conforme à un habitus social, et à l'influence ou à la pression qui en sont ressentis. Le voile de certaines femmes musulmanes – dont on ne peut rendre la signification univoque – ou, dans un autre registre, les tatouages apparents ou cachés sur les corps masculins et féminins, ce sont là autant de manières de tisser des liens entre le corps, l'appartenance, l'identité et la société. […]

Le corps a ceci de... singulier, qu'il a habité tous les courants de la pensée aux prises avec le fini et l'infini, la transcendance et l'immanence, la matière et l'esprit, le monde et Dieu, toutes questions à travers lesquelles l'être humain a cherché et cherche encore à comprendre son « identité » humaine.

Préactivité — Savoir-faire, Actes de parole : Lexique

À l'aide d'un dictionnaire, explorez le sens et la nature des expressions suivantes et formulez une expression équivalente en distinguant les niveaux de langue plus soutenus et donnez un exemple d'emploi dans un nouveau contexte.

Expression utilisée	Synonyme et emploi dans un autre contexte
tenir un langage	
affecter son corps de signes visibles	
parler un langage conforme	
un habitus social	
une signification univoque	
tisser des liens	
habiter tous les courants de la pensée	
le fini et l'infini	
la transcendance et l'immanence	

Acte de parole (3) : Tâche fictive et... authentique

1. Choisissez la phrase qui vous touche le plus dans cet extrait.
2. Qualifiez à l'aide de mots différents deux idées exprimées dans cet extrait.
3. Choisissez trois problématiques soulevées par cet extrait qui sont rattachées au reportage visionné.

Savoir-faire : compréhension et écriture

Texte 2 : « Œuvrer pour la diversité et l'inclusion » de Johanne Adam

Saviez-vous qu'il existait à l'Université un service ayant pour mission de sensibiliser à la diversité et de veiller à l'inclusion de tous les membres de la population étudiante, du corps professoral et du personnel de l'Université? Il s'agit du Bureau des droits de la personne.

Sensibiliser aux préjugés

Le Bureau des droits de la personne a été mis sur pied en 2013 dans le but de faire du campus un environnement exempt de discrimination. On y traite également toutes les plaintes de discrimination et de harcèlement au sein de notre établissement.

« Nous veillons à régler de façon efficace les dossiers de plainte, mais une grande partie de notre mandat consiste à faire de la prévention », relate la directrice Sonya Nigam.

Ainsi, le Bureau cherche à sensibiliser l'ensemble de la communauté universitaire aux idées toutes faites qui nuisent à l'inclusion, que celles-ci portent sur la religion, sur l'origine ethnique, sur la culture ou sur un handicap. « En tant qu'êtres humains, nous avons tous des idées préconçues, ce qui peut nous porter à entretenir des préjugés. Nous devons toutefois être conscients de ces préjugés », poursuit Mme Nigam.

Parmi les victimes potentielles de préjugés sur le campus figurent les personnes transgenres. La difficulté de trouver des toilettes qui leur soient consacrées sur le campus traduit bien cette réalité. « Il nous faut alors envisager des solutions, comme l'aménagement de toilettes universelles. Ce type de mesure nécessite la mise en œuvre de diverses stratégies de sensibilisation au sein de notre établissement. Il s'agit néanmoins d'une occasion d'établir un dialogue au sein de notre communauté, ce qui nous force à trouver des solutions pour éviter les situations d'exclusion », fait valoir Mme Nigam.

UNE AIDE ADAPTÉE À CHAQUE CAS

Toute personne victime de harcèlement devrait faire appel sans tarder aux experts du Bureau des droits de la personne. Plus la personne attend, plus les émotions l'emportent et plus le problème devient difficile à régler. Il ne faut en aucun cas endurer une telle situation.

« Nos intervenants sont particulièrement doués pour analyser ces incidents, précise Mme Nigam. Les auteurs de plainte peuvent notamment assister à des séances de coaching pour apprendre à mieux gérer ces situations difficiles. Ces séances leur procurent tous les outils nécessaires pour gérer n'importe quel conflit interpersonnel. »

Les intervenants s'adaptent à toutes les situations. Dans certains cas, ils vont chercher à faciliter le dialogue entre les parties. Une de leurs approches est d'installer les personnes en cause dans des pièces différentes et de transmettre les messages de l'une à l'autre dans le but de régler le conflit.

Certaines plaintes doivent obligatoirement être dirigées au Service de la protection ou encore au Service d'appui au succès scolaire.

Enfin, il arrive parfois que des personnes aient simplement besoin de discuter d'une situation inconfortable. Souvent, quelques séances de consultations suffisent.

RÉPONDRE AUX ATTENTES

Dans la foulée des modifications apportées à la Loi sur la santé et la sécurité au travail de l'Ontario en 2009, l'Université a vu la nécessité de développer des politiques internes afin de mieux respecter ses obligations en la matière.

Les syndicats et un certain nombre de groupes d'étudiants demandaient en outre la création d'un Bureau des droits de la personne. « Le recteur Allan Rock en a d'ailleurs fait l'un de ses chevaux de bataille. On peut dire que le Bureau est en bonne partie son legs », précise Mme Nigam.

L'Université d'Ottawa travaille aujourd'hui en collaboration avec d'autres universités canadiennes qui ont, elles aussi, opté pour la création d'un bureau des droits de la personne. Un espace de discussion a en effet été mis en place pour que les intervenants des différentes universités puissent échanger au sujet des pratiques exemplaires sur les droits de la personne en milieu universitaire.

« Le but de notre service est avant tout de préserver la dignité de chaque personne qui fréquente le campus », résume Mme Nigam.

650 mots

Sous la loupe

Synthétiser, relever des informations, formuler des arguments

Dans le texte de Johanne Adam, « Œuvrer pour la diversité et l'inclusion », repérez cinq faits présentés par l'auteure. Pour chacun de ces faits, relevez les renseignements complémentaires détaillant l'information.

Fait 1 – Mots clés	
Fait 2 – Mots clés	
Fait 3 – Mots clés	

1. Résumez dans un paragraphe de 50 mots la problématique soulevée dans cette rubrique.
2. Établissez un lien entre la thématique et celle du reportage « D'elle à lui ».

ÉCOUTEZ L'ENREGISTREMENT DU CD « À L'AFFICHE »

Quartet discute *Qu'est-ce qu'on a fait au Bon Dieu?*

COMPRÉHENSION ORALE ET ACTE DE PAROLE ÉCRITE (1)

Écoutez attentivement l'enregistrement du Quartet sur le film proposé.
Relevez dans cet enregistrement des idées qui appartiennent à l'une des thématiques proposées ci-dessous. Classez les idées exprimées selon votre interprétation de la discussion.

La différence	La tolérance ou l'intolérance	Le changement

ACTE DE PAROLE (2) : LA RÉALITÉ ET LA FICTION — QUARTET ET PLUS

• Des thématiques très différentes sont proposées dans les films suivants. Lisez les descriptions de contenus proposées par les critiques cinématographiques, regardez les bandes-annonces et établissez deux toiles sémantiques d'une dizaine de mots. La première toile doit regrouper les thèmes semblables ou communs, la deuxième doit préciser les éléments qui semblent différents.

Film 1	Film 2	Film 3
Qu'est-ce qu'on a fait au Bon Dieu?	*Persépolis*	*Des hommes et des Dieux*
Film 4	Film 5	Film 6
Laurence Anyways	*Le placard*	*La belle et la bête*

Points communs	Films	Différences	Films

Discussion en petits groupes et partage en classe. Exprimez votre opinion sur deux ou trois éléments qui vous semblent être les plus rapprochés de la réalité. Donnez des exemples tirés de l'actualité des dix dernières années.

ACTE DE PAROLE ET D'ÉCRITURE (3) : TÂCHE AUTHENTIQUE

Mise en contexte
C'est un concours de création d'affiches pour la prochaine journée internationale de « l'observance de votre choix » :

- À l'aide d'un dictionnaire visuel, trouvez la nomenclature relative à la conception graphique;
- Renseignez-vous pour bien connaître le contenu descriptif qui doit y être représenté;
- Choisissez un médium d'illustration : dessin, photo, reprographie, autre;
- Donnez un titre éloquent et original à votre création;
- Rédigez un message de prise de contact avec des organismes qui feront la promotion de votre affiche.

COMPÉTENCES PLUS SELON LE CARAP

CADRE DE RÉFÉRENCE POUR LES APPROCHES PLURIELLES DES LANGUES ET DES CULTURES

Les savoir-être

Animez une table ronde autour des descripteurs suivants

A 8.1   Volonté d'engager le défi de la diversité linguistique ou culturelle (avec la conscience d'aller au-delà de la simple tolérance, vers des niveaux plus profonds de compréhension et de respect, vers l'acceptation)

A 8.6   Volonté ou désir de s'engager dans la communication avec des personnes de différentes cultures, d'entrer en contact avec autrui

A 11   Disponibilité à (ou volonté de) suspendre son jugement, ses représentations acquises ou ses préjugés

www.carap.ecml.at

UNITÉ 6

LE TEMPS C'EST DE L'OR

Le don de soi pour plus de richesse

MISE EN CONTEXTE

« Personne n'est assez pauvre pour ne pas pouvoir donner un sourire, personne n'est assez riche pour ne pas en avoir besoin » (Anonyme). Ce vieil adage représente bien cette unité pédagogique où il sera question de don en temps, en habiletés, en attitudes, à la fois pour accompagner, soulager, nourrir psychologiquement et moralement, soi-même et les autres.

PRÉACTIVITÉ, SAVOIR-FAIRE — ACTES DE PAROLE : LEXIQUE

Activité 1 :

Activité d'expression – Reconnaissance de domaine et contextes d'interaction :
En petits groupes, reliez 10 expressions de vocabulaire rattachées au temps avec 10 expressions de vocabulaire rattachées à l'argent et formulez des phrases complexes et complètes :

Le temps

Disposer de temps	Profiter du temps
Durer un temps	Prendre son temps
Gagner du temps	Remonter au temps
Se payer du bon temps	Arriver dans les temps
S'éloigner pour un temps	Consacrer son temps

L'argent

Disposer de l'argent	Dilapider l'argent
Gaspiller l'argent	Toucher de l'argent
Blanchir l'argent	Détourner l'argent
Amasser l'argent	Remettre l'argent
Extorquer l'argent	Brasser de l'argent

PRÉACTIVITÉ, REMUE-MÉNINGES, ACTE DE PAROLE… DÉBAT

Mise en contexte

« Si le temps c'est de l'or, mieux vaut le gagner que le perdre ».
Comment interprétez-vous cette phrase? Dans quel domaine pourriez-vous la réutiliser?

Formez deux équipes qui devront défendre les deux idées opposées suivantes :

- Le bénévolat est une responsabilité civique qui incombe à chaque citoyen;
- Dans la société d'aujourd'hui, le travail passe avant toute autre activité non rémunérée.

Bénévolat					
Qui	Moyens	Où	Pourquoi	Quand	Comment

Travail					
Qui	Moyens	Où	Pourquoi	Quand	Comment

Comparez les réponses et établissez une pyramide de priorités qui englobe les points de vue des deux équipes.

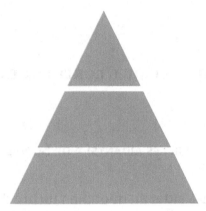

DOSSIER A — SAVOIR-FAIRE : COMPRÉHENSION ORALE, DISCUSSION — PARTAGE

« UN COUP DE MAIN »
Reportage : Chloé Dupuis – La Cité collégiale, Ottawa.

Étape 1 : Premier visionnement avec accompagnement sonore
Écoutez une fois le premier des deux reportages qui vous sont proposés dans cette unité, « Un coup de main ».

COMPRÉHENSION ORALE :

Répondez aux cinq questions suivantes :

1) Comment interprétez-vous le titre du reportage?
2) Pourquoi Guy Bellemare pense-t-il qu'il est « récompensé de l'intérieur »?
3) De quelle façon peut-on alphabétiser les enfants hospitalisés?
4) Quelles sont les dispositions législatives proposées par le projet de loi C-399?
5) Quel est l'impact des bénévoles sur les communautés canadiennes?

Opinion — discussion en petits groupes — Questions :

a) Donnez cinq des raisons que l'on pourrait, selon vous, invoquer à l'appui d'une réduction ou d'un crédit d'impôt en reconnaissance du bénévolat?

b) Dans certains pays, comme au Mexique, tous les étudiants universitaires doivent compléter des centaines d'heures de bénévolat avant de pouvoir obtenir leur diplôme. À votre avis, pour quelles raisons ce système est-il en place?

c) Soulignez trois raisons pour lesquelles un engagement communautaire devrait être obligatoire dans toutes les institutions d'enseignement post-secondaire?

Compréhension générale de l'écrit : détail, complexité, reformulation

Texte 1 : « Un peu de répit pour les aidants! » de Sophie Bartczak

Ils sont plus de huit millions à aider au quotidien un proche malade ou invalide. Jusqu'à s'épuiser. Des solutions pour les accompagner se développent peu à peu. Enquête sur ces initiatives qui se développent pour aider les aidants et leur donner un peu [de] répit.

C'est un lieu pionnier, ouvert il y a moins d'un an. Le village Vacances répit familles (VRF) Touraine est le premier centre français du genre. Il permet à tous ceux qui s'épuisent à prendre en charge un proche malade ou invalide de se reposer sans se séparer. […]

Faire les courses, entretenir la maison, gérer la paperasse administrative, organiser les déplacements, plier le fauteuil roulant, essuyer un nez qui coule, enfiler un pull, donner un repas, faire la toilette, s'inquiéter le jour, la nuit, encaisser l'agressivité du malade et, pire que tout, affronter l'incompréhension de l'entourage et l'isolement. Le répit est plus qu'un droit, c'est une question de survie. Pour Diane, le séjour en Touraine a été salvateur. « Ces deux semaines m'ont permis de souffler et, surtout, de discuter avec d'autres aidants, se réjouit-elle. Cela m'a donné des idées pour me faire aider moi aussi au quotidien. En rentrant, j'irai voir le Clic [centre local d'information et de coordination gérontologique, ndlr] de ma ville. Je ne savais même pas que ça existait! » Simone, 75 ans, a elle aussi choisi de faire cette pause en couple : « Je ne peux pas partir en vacances sans mon mari, dit-elle, j'aurais l'impression de l'abandonner. Après cinq semaines à l'hôpital, il avait perdu trois kilos et demi faute de temps du personnel pour l'aider à manger. Je ne veux pas revivre cela! Ici, il est entièrement pris en charge. Je me repose et ne m'ennuie jamais, entre les rencontres, les ateliers de sophrologie, les spectacles et les sorties. » Elle revient tout juste d'une visite à laquelle son mari a pu participer; demain, elle ira faire du shopping avec une autre aidante. Elle a opté pour une chambre séparée et, bonne nouvelle, sa caisse de retraite lui remboursera 70 à 80 % du coût de leur séjour.

« Ces vacances permettent de se faire aider sans culpabiliser et de constater que d'autres personnes peuvent prendre soin du proche, explique Aude, l'infirmière coordinatrice. Tout est fait pour gommer l'ambiance médicale : pas de blouses pour les soignants, ni de chariots dans les couloirs ou d'heure de coucher imposée. On s'adapte le plus possible, et les ateliers – cuisine, massages, piscine, modelage, jardinage, mandalas –, destinés aux aidants comme aux aidés, valorisent ces derniers en leur redonnant une image perdue d'eux-mêmes. On livre aussi aux aidants des astuces pour le quotidien : couverts adaptés pour manger plus élégamment au restaurant, bons gestes pour mettre un coussin, relever des jambes, protéger son dos… »

Accepter de l'aide des autres

[…]

Avoir son projet de vie, pouvoir continuer à travailler ou simplement à sortir, à voir des amis, est indispensable pour ne pas craquer. Stress, anxiété, dépression, épuisement, troubles du sommeil et surmortalité, nous y jouons aussi notre santé. Parmi les formules à notre disposition pour alléger le quotidien, l'aide à domicile est déjà un premier pas : aide-soignant, infirmier, aide au ménage, aux repas, garde itinérante de jour ou de nuit. Le besoin de souffler peut aussi passer par une séparation, en confiant son aidé à une structure d'accueil temporaire. Le placement survient malheureusement souvent à l'occasion d'une crise, quand nous n'en pouvons plus. Il n'est pas facile en effet de dépasser la culpabilité de l'« abandon » ni d'anticiper les choses.
[…]

580 mots

Préactivité, Savoir-faire — Actes de parole : Lexique

Veuillez repérer les éléments suivants dans le texte :

Détails. Donnez une définition des expressions suivantes utilisées dans le texte et réemployez-les dans un contexte différent.

Des ateliers de sophrologie	
Aider au quotidien	
Gommer une ambiance	
Redonner une image perdue	
Une garde itinérante	

COMPLEXITÉ : AU CŒUR DU SUJET

« Charité bien ordonnée commence par soi-même. » Dans ce dicton et dans le texte de Sophie Bartczak, il est question d'une perspective nouvelle de l'aide et du bénévolat. Retrouvez dans le texte cinq points de repère qui situent cette appréciation de la situation des aidants.

a) _____

b) _____

c) _____

d) _____

e) _____

REFORMULER, IMAGINER, RACONTER POUR AIDER LES AUTRES

Prenez la plume

Forme privilégiée : La pochette couverture d'un livre

Mise en contexte
Développez votre esprit créatif!

Vous avez écrit un récit pour enfants. Imaginez un titre qui serait représentatif du récit et écrivez un résumé de 200 mots qui servirait à la quatrième de couverture de la pochette de votre roman.

Votre histoire ne parlera pas de Hansel et Gretel…, mais du grand-père qui ne peut plus habiter avec ses enfants… Utilisez les caractéristiques du texte littéraire et trouvez une illustration originale pour la page couverture…

« La musique secrète de la grenouille enchantée »

ACTE DE PAROLE (1) : HIER, AUJOURD'HUI ET DEMAIN

Thèmes au choix

Vous vous rappelez encore des histoires que l'on vous racontait quand vous étiez petits? Choisissez trois histoires dont vous vous souvenez toujours et expliquez de façon détaillée ce qui les rendait fascinantes.

Imaginez que vous êtes à votre tour avec de jeunes enfants. Comment allez-vous leur raconter une histoire? Quel thème allez-vous choisir? De quelle façon pensez-vous capter et retenir leur attention?

Certains pensent qu'il y a un lien parfois explicite, parfois caché, entre le monde imaginaire des rêves, celui des histoires que l'on raconte aux enfants et une expression psychanalytique de la réalité. Effectuez une petite recherche et suggérez une discussion autour des études proposant ce genre de liens. Dans une discussion en classe, choisissez deux ou trois auteurs s'étant penchés sur cette question et débattez leurs théories.

ACTE DE PAROLE (2) : DÉCOUVERTE

Les fables, les contes et les récits n'ont pas tous les mêmes formats, mais on peut souvent retrouver dans plusieurs traditions différentes le même type de personnage. En comparant les contes pour enfants du monde entier, faites un parallèle entre deux histoires pour enfants, venant de pays différents. Parlez des points communs et de l'originalité des récits choisis. Profitez-en pour discuter d'autres traditions de ces pays particuliers.

ACTE DE PAROLE (3) : TÂCHE AUTHENTIQUE

Mise en contexte
Différentes associations créent des occasions de tisser des liens intergénérationnels pour permettre aux jeunes enfants d'accéder aux nombreux plaisirs et bienfaits de la lecture. Visitez les bibliothèques publiques de votre région et sélectionnez une association bénévole qui favorise et encourage des cercles de lecture pour enfants. Quel genre de programme est proposé, et selon quelles modalités? Par exemple, visitez le site de l'Association québécoise « Lire et faire lire ». Présentez le contenu du site aux étudiants de la classe.

http://www.lireetfairelire.qc.ca/

Dans une organisation de ce genre, quel pourrait être votre rôle d'intervenant?

ACTE DE PAROLE (3) : TÂCHES FICTIVES ET... AUTHENTIQUES

Exprimez votre opinion sur la citation suivante :
« Un bon livre devrait toujours former un véritable lien entre celui qui l'écrit et celui qui le lit » (Laure Conan dans Matignon, 1993)

Dans votre réponse, expliquez la place du lecteur et celle de l'écrivain. Attribuez à chacun les caractéristiques qui vous semblent leur appartenir.

Écrivain Lecteur

DOSSIER B — SAVOIR-FAIRE : COMPRÉHENSION ORALE, DISCUSSION — PARTAGE

« LE MEILLEUR AMI DE L'ÉTUDIANT »
Reportage : Audrey Clément-Robert – La Cité collégiale, Ottawa

SOUS LA LOUPE

PRÉACTIVITÉ, SAVOIR-FAIRE — ACTES DE PAROLE : LEXIQUE

Visionnez le deuxième reportage de l'unité 6 « Le meilleur ami de l'étudiant ».

Tableau A

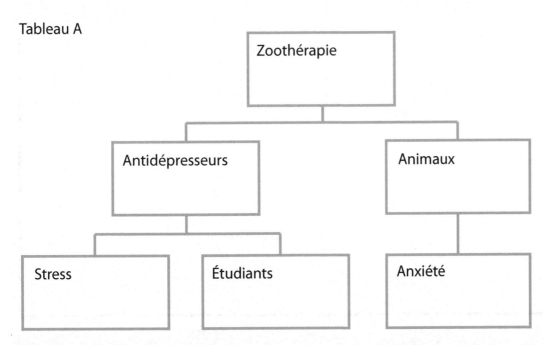

Développez l'organigramme présenté dans le tableau A. Ajoutez des éléments lexicaux de nature adjectivale ou verbale.

Rédigez deux courts paragraphes qui redonneront le contenu du reportage en utilisant le vocabulaire identifié. Comptez environ 50 mots par paragraphe.

SAVOIR-FAIRE : COMPRÉHENSION ET ÉCRITURE

Lisez l'article suivant en cinq minutes. Notez dans les marges un ou deux mots clés qui vous semblent plus importants.

TEXTE 2 : « ANNE-SOPHIE PANSERI, DIRIGEANTE : "MA POLITIQUE ANTI-PRÉSENTÉISTE" » DE MARGAUX RAMBERT

Elle est dirigeante et contre les horaires à rallonge. Tous les soirs, son entreprise, Maviflex, une PME familiale lyonnaise qui fabrique des portes industrielles, ferme d'ailleurs ses portes à 18 h 30. Pour Anne-Sophie Panseri, la productivité ne vient pas d'une présence excessive au travail. Mais au contraire d'un bon équilibre entre vie professionnelle et vie privée. Rencontre.

Vous êtes dirigeante et « anti-présentéiste », qu'entendez-vous par là?

Anne-Sophie Panseri : Je suis contre l'idée qu'il faut être présent douze heures par jour dans l'entreprise, qu'un important temps de présence est gage de performance – c'est souvent inversement proportionnel –, ou qu'il détermine le plan d'avancement d'un salarié. En revanche, je suis pour le présentéisme en tant que notion positive, à mettre en lien avec l'absentéisme. Nous menons d'ailleurs des actions dans ce sens au sein de mon entreprise, où le taux de présentéisme atteint 97 %.

Pourquoi êtes-vous contre une présence excessive au travail?

Anne-Sophie Panseri : Tout d'abord, elle est facteur de stress. Ensuite, ce qui amène de la productivité, ce ne sont pas les horaires à rallonge mais un bon équilibre entre la vie professionnelle et la vie privée. Plus on donne aux salariés de la liberté dans leur organisation personnelle et la possibilité de gérer leur temps, plus la rentabilité est bonne. Un collaborateur qui, le soir, peut évacuer la pression, revient le lendemain de bonne humeur et avec la tête remplie d'idées. Ce n'est pas le cas de celui qui s'est endormi la veille sur ses dossiers. En plus, tout ce que l'on puise à l'extérieur en rencontres et en échanges, apporte de la créativité dans l'environnement professionnel.
[…]

Qu'est-ce que toutes ces règles apportent à vos salariés et à votre entreprise?

Anne-Sophie Panseri : Pour moi, elles participent au bien-être général des salariés dans l'entreprise, qui se sentent reconnus et respectés dans leurs missions. Elles apportent plus de sérénité dans le travail aussi. L'entreprise, elle, possède de meilleurs indicateurs de résultats et d'implication des équipes. Et notre productivité a augmenté de plus de 50 %! Quand les gens se sentent en confiance et se sentent bien, ils sont davantage force de propositions à tous niveaux et à tous les postes.

[…]

Le rôle des managers n'est-il pas fondamental dans ce changement de mentalités?

Anne-Sophie Panseri : Si, bien sûr. Les managers sont des éléments clés face à ce temps de travail excessif qui est typiquement français. Il faut que le rythme soit identique pour tout le monde. Qu'ils donnent l'exemple. Moi-même, je pars tous les soirs à 18 h 30. Il faut commencer par s'appliquer à soi-même les bonnes initiatives que l'on met en place. Sinon, on entraîne les salariés à culpabiliser. Surtout les femmes, qui partent souvent plus tôt pour les enfants. C'est comme lors de l'apparition du congé paternité : au début, personne n'osait le prendre. Alors qu'il s'agit d'un moment de bonheur à partager en famille. Et ce genre de choses, si c'est la direction qui le dit, ça change tout.

496 mots

SYNTHÉTISER, RELEVER DES INFORMATIONS, FORMULER DES ARGUMENTS

Répondez aux questions suivantes :

- Si vous deviez situer l'article présenté, diriez-vous qu'il est relié au travail ou à la vie personnelle? Justifiez votre réponse avec une explication liée au texte.
- Dans le texte, on parle d'horaire à la rallonge. Comment pourriez-vous reformuler cette expression?
- Il est fait mention dans le texte de gages de performance. Auriez-vous des exemples tirés de votre propre expérience?
- Pour quelles raisons Anne-Sophie Panseri veut-elle favoriser une politique « anti-présentéiste » dans son entreprise?
- L'absentéisme est parfois un subterfuge pour évacuer la pression liée au travail. Pourquoi cet élément est-il mentionné dans le texte?
- Expliquez pourquoi, selon vous, l'auteure mentionne une certaine réticence des citoyens français en ce qui a trait au congé de paternité.

Mise en contexte : La culture du bénévolat

Plusieurs grandes entreprises et institutions proposent à leurs employés certaines initiatives d'engagement communautaire, reconnues dans la société comme étant une contribution non rétribuée, mais valorisante, pour de grandes causes ou avec des objectifs plus modestes.

Marathons, téléthons, spectacles amateurs, galas, ou implication de plus longue durée… toutes les formes sont permises. Trouvez dans l'actualité ou sur les réseaux sociaux, des exemples de cette culture du bénévolat : annonces, affiches, résultats, participants. Imaginez que vous êtes la personne responsable du comité social d'une petite ou moyenne entreprise et vous avez la tâche de proposer et coordonner un événement d'implication communautaire.

Écoutez l'enregistrement du CD « À l'affiche »

Quartet discute *La tête en friche*

Compréhension orale et acte de parole écrite (1)

Écoutez attentivement l'enregistrement du quartet sur le film proposé. Dans les trois colonnes suivantes, relevez des mots ou expressions ayant un lien avec le mot clé suggéré dans la première ligne de l'intitulé de chacune des colonnes.

L'amitié	L'instruction	La solitude

La discussion du quartet fait émerger des liens entre le film en rubrique et le thème de l'unité.

Après une deuxième écoute de cet entretien, rapportez les idées des intervenants.

Jesse	Myriam	Raphaël

Acte de parole (2) : La réalité et la fiction

Effectuez une recherche sur l'un des protagonistes des trois films suivants ayant pour thème la générosité et l'amitié et préparez-vous à le présenter : traits physiques, personnalité, vécu, parcours dans l'histoire.

Amélie Poulain	Il est minuit Dr Schweitzer	Le soleil sous les nuages

CADRE DE RÉFÉRENCE POUR LES APPROCHES PLURIELLES DES LANGUES ET DES CULTURES

Les savoirs

Animez une table ronde autour des descripteurs suivants

K 11.1.2.1   Connaître le rôle des institutions et de la politique dans l'évolution des cultures

K 11.3.4   Savoir que les différences culturelles ont tendance à s'amenuiser sous l'emprise de la mondialisation

K 12.4   Savoir que diverses cultures sont sans cesse en contact dans notre environnement le plus proche

www.carap.ecml.at

Unité 6 : Le temps c'est de l'or

UNITÉ 7

POUR LA VIE

Au service des autres, sacrifice et engagement

Dans cette unité, les thèmes suivants sont proposés : les familles monoparentales, les enfants, l'adoption, l'amour, la solitude, le conflit, le service, la guerre, la paix, les soldats, le deuil, le soutien.

DOSSIER A — SAVOIR-FAIRE : COMPRÉHENSION ORALE, DISCUSSION — PARTAGE

PRÉACTIVITÉ, REMUE-MÉNINGES, ACTE DE PAROLE... TÂCHE AUTHENTIQUE

Étape 1 : Visionnement sans le son – Cinéma muet

Visionnez les deux reportages qui vous sont proposés dans cette unité,

« SEULE POUR AIMER » et « SOLDAT UN JOUR, SOLDAT TOUJOURS ».

Activité d'expression – Reconnaissance de domaine et contextes d'interaction
Après avoir visionné une fois les deux reportages sans la composante audio, associez le contenu présenté à la catégorie situationnelle dans la liste des événements proposés dans le tableau A, ci-dessous :

Tableau A – catégories d'interaction

Personnel	Public	Professionnel	Éducationnel
• fêtes de famille	• incidents	• réunions	• rentrée
• rencontres	• accidents/	• interviews	• classes
• incidents	maladie,	• réceptions,	• entrée
• accidents	• réunions	congrès	• fin des cours
• phénomènes	publiques	• foires	• visites et
naturels	• procès,	• consultations	échanges
• soirées	audiences	• ventes	• portes
• visites	• tribunaux	• saisons	ouvertes
• promenades à	• solidarité	• accidents	• soirées des
pied, à vélo, à	• amendes	• travail	parents
moto, en	• arrestations	• conflits sociaux	• compétitions
voiture	• matchs		• sports
• vacances	• concours		• problèmes
• excursions	• spectacles		• discipline

Choisissez deux mots par catégorie et expliquez oralement les liens que vous établissez entre l'image en début de l'unité, le premier visionnement des deux reportages et les catégories choisies.

Étape 2 : Deuxième visionnement avec accompagnement sonore

Activité d'expression – Reconnaissance de lexique en contexte

Tableau B – Le lexique des reportages

Seule pour aimer		Soldat un jour, soldat toujours	
1.	Déplacer de l'air	1.	Service militaire
2.	Famille	2.	Champ de bataille
3.	Foyer	3.	Soldat
4.	Parent	4.	Perte
5.	Monoparentale	5.	Décès
6.	Grossesse	6.	Bombe/Canon
7.	Deuil	7.	Régiment
8.	Enceinte	8.	Escadre/Escadron
9.	Déception	9.	Adjudant
10.	Statistique	10.	Officier
11.	Recomposition	11.	Cimetière/Pierre tombale
12.	Jugement	12.	Emplacement
13.	Soutien – Appui	13.	Arrangements (funéraires)
14.	Finances – Psychologie	14.	Deuil/ Funérailles
15.	Retard de développement	15.	Laisser sa vie
16.	Sous-stimulation	16.	Forces armées canadiennes
17.	Insécurité	17.	Anciens combattants
18.	Comptoir – Partage	18.	Militaire
19.	Friperie	19.	Grade /Colonel
20.	Encadrement	20.	Civils

Préactivité, remue-méninges, acte de parole : Partage

Déterminez le sens de l'emploi des mots dans le tableau B, dans le contexte du reportage visionné. Comparez avec les catégories situationnelles du tableau A. Après le deuxième visionnement, relevez des ajustements dans le choix des contextes et élaborez une liste de vingt mots au total qui s'appliqueraient aux deux reportages. Choisissez ces mots dans le tableau A et dans le tableau B, dix mots par tableau.

- En petits groupes de trois ou quatre, comparez les résultats de votre recherche
- Complétez le tableau récapitulatif suivant en ordonnant les informations recueillies selon un ordre prioritaire que vous aurez choisi en groupe

Tableau A	Tableau B	Tableau A	Tableau B

Tableau A	Tableau B	Tableau A	Tableau B

- Préparez-vous à expliquer comment et pourquoi certains mots choisis sont plus importants que d'autres.

ACTE DE PAROLE (1)

Faites une liste de trois idées essentielles véhiculées par les deux reportages. Ensuite, donnez trois informations secondaires proposées dans chacun des reportages. Pour une expansion de votre production orale ou écrite, formulez une liste de dix mots (noms, verbes ou adjectifs) qui pourraient enrichir vos idées. Employez ces nouveaux mots dans la synthèse de ce que vous avez visionné.

Avec cette banque de mots nouveaux, imaginez cinq questions d'entrevue que vous pourriez poser à de jeunes étudiants au sujet de leurs idées sur le concept de dévouement.

ACTE DE PAROLE (2) : AUJOURD'HUI ET DEMAIN

Selon vous, quels sont les effets de l'engagement d'un parent ou d'un militaire sur leur propre vie et celle de leur entourage? Énumérez quelques avantages et inconvénients.

Exprimez votre opinion et racontez des éléments passés sur les conséquences ou les effets immédiats de vos actions sur votre entourage. Pouvez-vous penser à une situation dans laquelle une décision prise par vous-même ou l'un de vos proches a déterminé un changement important dans votre vie?

On entend souvent dire « Hier, c'était mieux! » Formulez un message d'espoir qui valoriserait le niveau d'engagement dont feront preuve demain les jeunes d'aujourd'hui. Utilisez trois idées clés.

ACTE DE PAROLE (3) : SITUATION FICTIVE

Mise en contexte
Vous êtes inscrit dans un cours d'histoire du monde. Choisissez un personnage qui a laissé une empreinte importante par son engagement. Effectuez une recherche biographique adéquate pour relever et rapporter des éléments marquants qui permettent de justifier votre choix :

- En le situant dans son époque
- En énumérant des moments, décisions et comportements historiques
- En évoquant hypothétiquement ce qui aurait pu se passer si votre héros n'avait pas existé.

ACTE DE PAROLE (4) : CONSTRUIRE — DÉCONSTRUIRE

Décrivez trois des personnes des deux reportages et **associez-les** à des acteurs ou personnages de films que vous avez vus. **Expliquez** votre choix. **Sélectionnez** des caractéristiques physiques et morales, comparez les ressemblances et les différences.

Ajoutez par une source en ligne, des photos des acteurs ou des personnages choisis.

Mettez-vous dans la peau de l'un de ces personnages et avec un partenaire en classe, **inventez** une courte interaction. Précisez le contexte, le temps de l'échange, la raison de votre rencontre.

ACTE DE PAROLE (5) : AUJOURD'HUI ET DEMAIN — DÉBAT

- Vous n'avez pas d'emploi, vos études sont presque terminées. On vous offre de vous engager comme réserviste de l'armée. Expliquez pourquoi vous accepterez ou vous refuserez. Prenez quelques notes et organisez votre pensée en préparant votre exposé pour mettre en évidence les raisons qui vous motivent à faire aujourd'hui ce choix qui aura des répercussions sur votre avenir. Préparez-vous à répondre à des objections.

- Imaginez l'avenir de la prochaine génération. Formulez une hypothèse quant à la famille des militaires de demain. Alimentez la discussion en proposant des exemples venant de ce que l'on observe aujourd'hui.

ACTE DE PAROLE (6) : TÂCHE AUTHENTIQUE

Vous venez de faire un voyage dans un pays en développement et vous revenez avec l'idée d'adopter un orphelin que vous avez connu pendant votre séjour.

Obtenez des renseignements pour repérer les services sociaux, agences publiques, juridiques ou autres que vous devrez contacter afin d'entamer les démarches d'adoption. Trouvez les exigences financières, personnelles ou autres auxquelles vous serez confronté.

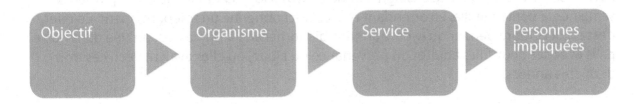

Objectif ▶ Organisme ▶ Service ▶ Personnes impliquées

SAVOIR-FAIRE : COMPRÉHENSION ET ÉCRITURE

TEXTE 1 : « UNE PROFESSEURE OUVRE LES PORTES DE SON FOYER À UNE FAMILLE SYRIENNE » DE AIDA STRATAS

L'an dernier, à Noël, la professeure Luise von Flotow a accueilli dans sa maison des invitées pas comme les autres : Ayda Noofoori et ses filles Isis et Luna, trois réfugiées syriennes récemment arrivées au Canada. Directrice de l'École de traduction et d'interprétation de l'Université d'Ottawa, où elle enseigne, Mme Flotow a logé chez elle pendant plusieurs semaines la petite famille, en attendant que celle-ci obtienne un toit permanent. En effet, c'est en décembre dernier qu'Ayda, autrefois bibliothécaire à Damas, est arrivée dans notre pays avec ses deux filles adultes en provenance du Liban, où elles avaient vécu ces trois dernières années.

« J'ai toujours partagé mon espace avec les autres », confie Mme Flotow, « Cette famille s'est montrée tellement polie, ordonnée, et toujours prête à aider. En plus, la maman est une excellente cuisinière! » C'est sa propre fille, Leonore Evans, qui a encouragé la professeure à s'impliquer au sein d'Ottawa Centre Refugee Action (OCRA), un des nombreux organismes bénévoles qui aident les réfugiés à s'établir dans leur nouvelle terre d'accueil. Mme Flotow s'est tout naturellement laissé persuader. « Mes parents étaient des réfugiés de l'Allemagne de l'Est quand ils sont arrivés au Canada en 1945 », explique-t-elle. « À cette époque, il n'y avait en place aucun système d'appui social ou d'aide financière sur lequel ils pouvaient compter. Pour tout bien, ils n'avaient que trois appareils photo, qu'ils ont vendus pour survivre. Après ça, ils ont dû se dépêcher de trouver du travail. » Se souvenant des difficultés éprouvées par ses parents, elle a donc ouvert sa maison et son cœur aux Noofoori, alors que celles-ci en avaient terriblement besoin. Les trois femmes ont dormi dans les chambres appartenant naguère aux filles de Mme Flotow. Celles-ci sont d'ailleurs devenues des habituées de leur ancien foyer, offrant toutes sortes d'aide aux nouvelles arrivantes. Leonore s'est même installée dans la maison pour accueillir les Noofoori, car sa mère se trouvait à l'étranger au moment de leur arrivée.

Ensuite, Leonore et sa sœur Charlotte se sont employées à faire connaître les fêtes traditionnelles de la région aux invitées. Les deux familles ont célébré Noël ensemble au coin du feu – car il faut le dire, le climat nordique avait pris les réfugiées complètement par surprise! Les Noofoori ont également dégusté de nouveaux délices pour elles, comme le sirop d'érable et les bagels, et elles ont ouvert des yeux ronds devant le lait vendu en sacs plastiques.

Mme Flotow ne s'en est pas tenue là; elle a poursuivi ses efforts pour aider les réfugiés syriens. Ainsi, elle a fait les arrangements pour que deux étudiants au doctorat puissent offrir une formation en traduction et en interprétation aux arabophones locaux qui souhaitent aider les nouveaux réfugiés. La formation a eu lieu par l'entremise de l'Association des traducteurs et interprètes de l'Ontario (ATIO). La professeure a quelques conseils pour ceux qui songent à accueillir chez eux des réfugiés : « Il faut vraiment avoir l'esprit ouvert quant à partager son espace personnel avec d'autres. Il faut savoir se montrer courtois envers eux et pouvoir leur consacrer du temps. On les accueille pour de vrai ou on ne les accueille pas du tout. »

Depuis, les Noofoori se sont installées dans un logement permanent et s'occupent à reconstruire leur vie. Heureusement, les trois femmes parlent très bien l'anglais, ce qui facilite leur adaptation à leur nouvel environnement. Ayda, la mère, aimerait travailler ou faire du bénévolat en tant que bibliothécaire. Isis, 26 ans, envisage d'entreprendre une maîtrise en histoire de l'art ou en archéologie. Quant à Luna, 19 ans, elle a obtenu une bourse pour faire des études en relations internationales en Illinois (États-Unis), l'automne prochain. Mais pour l'instant, les deux sœurs cherchent du travail, rémunéré ou non. Luna affirme que le séjour chez la professeure a été à la fois instructif et réconfortant pour sa famille. Quant à Mme Flotow, elle dit que l'expérience a été des plus gratifiantes du point de vue personnel. Et elle ajoute avec un clin d'œil : « La nourriture était délicieuse! »

704 mots

SYNTHÉTISER, RELEVER DES INFORMATIONS, FORMULER DES ARGUMENTS

- Résumez dans un paragraphe de 50 mots le témoignage proposé dans cette rubrique.
- Établissez un lien entre le texte proposé et le reportage « Seule pour aimer ».
- Prenez la plume et réagissez à ce texte. Votre production écrite peut prendre la forme d'une lettre ouverte à la rédaction ou d'un courrier du lecteur.
- Dans le texte ci-dessus, repérez trois sous-thèmes abordés par l'auteure. Pour chacun de ces sous-thèmes, relevez des mots clés, noms, adjectifs ou verbes, et des particularités grammaticales différentes.

Sous-thème 1		
Noms communs/Noms propres	Adjectifs/adverbes	Compléments ou propositions subordonnées
Sous-thème 2		
Noms communs/Noms propres	Adjectifs/adverbes	Compléments ou propositions subordonnées
Sous-thème 3		
Noms communs/Noms propres	Adjectifs/adverbes	Compléments ou propositions subordonnées

Dossier B — Savoir-faire : compréhension orale, discussion — Partage

Écoutez l'enregistrement du CD « À l'affiche »

Quartet discute *Couleur de peau : miel*

Acte de parole (1) et compréhension

Dans les deux reportages de cette unité, ainsi que dans le film *Couleur de peau : miel,* on rencontre des personnes qui, malgré la perte d'un ou plusieurs êtres chers, sont capables de reconstruire leur vie.

En ligne, visionnez la bande-annonce du film en rubrique, *Couleur de peau : miel.*

En petits groupes (trois ou quatre), réfléchissez aux liens que vous pouvez établir entre le film décrit par Raphaël et les reportages visionnés dans cette unité.

- Inventez un autre titre de film, correspondant à l'extrait visionné.
- Ce film est inspiré d'une bande dessinée. Consultez des commentaires sur les différences qui peuvent avoir été relevées par des lecteurs ou par la critique, sur la version cinématographique.
- Imaginez ce que vous feriez si vous trouviez un enfant abandonné sur le perron de votre appartement. Imaginez la conversation téléphonique que vous pourriez avoir avec l'un de vos amis ou parents, alors que vous cherchez une solution à cette situation.

Acte de parole (2) : La réalité et la fiction

- Effectuez une recherche sur l'un des trois films suivants et préparez-vous à le présenter.

Trois hommes et un couffin	La grande vadrouille	Joyeux Noël

- o   Date de réalisation — Réalisateur
- o   Acteurs — Interprètes principaux
- o   Histoire — Scénario
- o   Bande sonore
- o   Date de présentation et disponibilité de visionnement

- Exprimez votre opinion sur un élément du film choisi, qui vous touche, vous attire, ou qui vous dérange. Appuyez votre choix avec une ou deux justifications.

ACTE DE PAROLE (3) : COMPRÉHENSION ET ÉCRITURE

À l'aide d'un dictionnaire, explorez le sens et la nature des expressions suivantes et formulez une expression équivalente. Attention, certaines expressions sont de registre familier.

Ex. : Partir de très loin dans la vie	Avoir un passé diversifié et chargé
Obtenir un toit permanent	
Partager l'espace	
Éprouver des difficultés	
Une expérience d'humanité	
Être sidéré	
De mauvais artificiers	
Des missions opérationnelles	
Le stress post-traumatique	
Abolir le réflexe de survie	
Garder un recul professionnel	

Texte 2 : « Je suis devenue psychiatre militaire » de Valérie Péronnet

Claire, 43 ans, est mariée, mère de trois enfants et psychiatre depuis plus de quinze ans. Il y a trois ans, elle choisit de s'engager dans l'armée. Bien plus vite que prévu, elle part en mission en Afghanistan et découvre que la guerre peut être une expérience d'humanité.

[…]

« Au moment de mon engagement, j'ai dû décider si j'étais volontaire pour être envoyée en opération. J'ai dit oui, puisque les missions opérationnelles faisaient partie de mon nouveau métier, mais que j'avais besoin de trouver mes marques, d'apprendre, de comprendre. Nous avons convenu, avec mon supérieur, que je ne partirais pas avant 2012. »

Des hommes valeureux
« À mon grand étonnement, je me suis tout de suite sentie bien, et enfin vraiment libre d'exercer mon métier avec sérénité à l'hôpital militaire où j'ai été affectée. Nous recevons civils et militaires, dont beaucoup de soldats rapatriés d'Afghanistan, et leurs familles si elles le souhaitent. J'ai découvert une pathologie très particulière, qui n'a rien à voir avec les psychoses et les névroses dont souffraient la plupart des patients que je soignais quand j'étais psychiatre aux urgences : le stress post-traumatique. Je n'avais jamais eu à faire à des personnes exposées à des chocs, physiques et psychiques, aussi violents. Les blessés de guerre reviennent avec des cauchemars, des terreurs, et revivent des sensations très précises, violentes et angoissantes de leur épreuve. On ne sait pas encore très bien par quel mécanisme ces symptômes surviennent, mais on sait comment les prendre en charge et les soulager… »

« J'ai découvert aussi que des hommes peuvent faire preuve de force morale, de vitalité et de courage au-delà de leur souffrance psychique ou physique. Ils me racontaient des histoires incroyables de camaraderie, de cohésion absolue de groupe. Je me souviens d'avoir pensé, en écoutant l'un d'entre eux, très gravement blessé : "Ce type s'est vraiment précipité sur son camarade pour le protéger au lieu de se mettre à couvert." Et d'avoir voulu comprendre ce qui se passait d'assez puissant entre ces hommes pour abolir jusqu'à leur réflexe de survie. J'ai souvent eu le sentiment de soigner des gens bien, des hommes valeureux qui prenaient l'entière responsabilité de ce qui leur arrivait, et qui assumaient leur choix pour leur pays et pour la démocratie, même quand ils étaient atteints dans leur chair. »

En Afghanistan
« Pour moi, tout était nouveau, enthousiasmant et très touchant dans ce monde un peu à part. À la fin de ma première année, mon chef m'a proposé de partir pour une mission de trois mois. En Afghanistan. C'était beaucoup plus tôt que prévu… J'ai pris deux jours pour en parler avec mon mari. Il m'a dit : "Si tu en as envie, vas-y. Le reste, je m'en charge. Mais je ne voudrais pas que tu rentres abîmée." Alors, j'ai dit oui. Parce que je m'étais attachée à ces hommes. Parce que c'était la logique de mon engagement, de soigner ces soldats au plus près. Et aussi pour savoir ce que je serais capable de donner loin de mon cocon familial…
[…]

« J'ai abordé la situation en m'efforçant de garder un recul le plus professionnel possible. Je me suis préparée du mieux que j'ai pu. Je suis allée passer une semaine chez les légionnaires, pour apprendre les us et coutumes militaires : je voulais être à la hauteur de mon grade, et ne heurter personne. J'ai fait une formation au tir de combat pour éviter de blesser quelqu'un puisqu'en Afghanistan on doit porter une arme. Je ne voulais pas penser au risque. J'ai quand même pris une bonne assurance-vie, et je me suis demandé si je devais aussi écrire mon testament. Finalement, j'ai décidé que non, en pensant que c'était le meilleur des testaments de ne pas en laisser. La veille de mon départ, ma fille de 7 ans m'a dit : "Je ne vais jamais survivre, maman. J'ai peur que tu meures." Je lui ai dit que si je pensais qu'il y avait le moindre risque, je ne partirais pas et qu'elle pouvait me croire. Elle m'a répondu : "Tu sais, maman, c'est pas facile de croire vraiment les gens…" »

684 mots

REFORMULER, IMAGINER, RACONTER

Dans le récit de Valérie Péronnet, Claire raconte un parcours de vie inhabituel. Trouvez les éléments suivants dans le texte :

1.   *La phrase qui énonce l'idée essentielle*

_____

2.   *Une phrase qui propose un sujet argumentatif*

_____

3.   *Relevez cinq expressions qui correspondent à de la narration*

a) _____

b) _____

c) _____

d) _____

e) _____

4.   *Inscrivez trois exemples ou illustrations proposés par Claire*

a) _____

b) _____

c) _____

Prenez la plume

Dans une lettre d'environ 300 à 400 mots, réagissez à la phrase suivante, en imaginant que vous êtes la fille ou le fils de Claire…

« Je me suis demandé si je devais aussi écrire mon testament. Finalement, j'ai décidé que non, en pensant que c'était le meilleur des testaments de ne pas en laisser. »

Unité 7 : Pour la vie

Compétences plus selon le CARAP

Cadre de référence pour les Approches Plurielles des Langues et des Cultures

Les savoirs

Animez une table ronde autour des descripteurs suivants

K 3.5.1   Savoir que l'on dispose pour la communication de savoirs implicites et explicites et savoir qu'autrui dispose de savoirs du même ordre

K 5.6   Savoir que les situations sociolinguistiques peuvent être complexes

K 6.10   Savoir qu'il existe entre les systèmes de communication verbale ou non verbale des sentiments dans diverses langues

www.carap.ecml.at

UNITÉ 8

SANS TOIT, MAIS AVEC TOI

Exclusion et intégration des marginalisés

Dans cette unité, les thèmes suivants sont proposés : l'hébergement, la précarité d'emploi, la pauvreté, l'itinérance, le changement, l'entraide, le bénévolat, la générosité, la philanthropie, la collaboration.

PRÉACTIVITÉ, SAVOIR-FAIRE — ACTES DE PAROLE : LEXIQUE

Activité 1 :

Choisissez l'un des mots thèmes de la mise en contexte et, à partir de ce mot, consultez l'actualité et les nouvelles d'un pays de la francophonie. Développez une toile sémantique de dix autres mots qui soient propres à une réalité présentée par les médias à partir du mot thème choisi.

Tableau A – Jeux de cartes

Carte actualité – étudiant : _____

Le mot thème :	Domaine social :
Actualité :	Source :

Activité d'expression – Reconnaissance de domaines et de contextes d'interaction

En petits groupes, repérez 12 mots de vocabulaire choisis à partir de trois thèmes d'actualité différents parmi ceux trouvés en début d'unité.

Carte actualité – étudiant : _____

Thème :	Thème :	Thème :

Carte actualité – étudiant : _____

Thème :	Thème :	Thème :

Carte actualité – étudiant : _____

Thème :	Thème :	Thème :

Carte actualité – étudiant : _____

Thème :	Thème :	Thème :

Préactivité, remue-méninges, acte de parole... Débat

En équipe, posez quatre questions ouvertes aux autres groupes pour obtenir de l'information sur les actualités représentées dans les cartes des différentes équipes.

Débat :
Établissez un ordre prioritaire des problématiques soulevées par cette recherche et déterminez quelle carte propose un débat plus urgent que les autres. Donnez des justifications.

Dossier A — Savoir-faire : compréhension orale, discussion — Partage

« Survivre à la rue »
Reportage : Geena Hamelin – La Cité collégiale, Ottawa

Étape 1 : Premier visionnement avec accompagnement sonore

Écoutez le premier des deux reportages qui vous sont proposés dans cette unité, « Survivre à la rue ».

Avec les verbes de la colonne de gauche du Tableau B ci-dessous, formulez cinq phrases qui vous permettent de reparler du reportage.

Trouvez sur Internet un autre reportage qui parle d'itinérance.

Écoutez et relevez 10 verbes de ce nouveau reportage. Complétez la colonne de droite du tableau.

Tableau B – Les verbes des reportages.

Survivre à la rue	Itinérance ailleurs dans le monde
1. Errer	1. _____
2. Arpenter	2. _____
3. Ramasser	3. _____
4. Sauter	4. _____
5. Héberger	5. _____
6. Abriter	6. _____
7. Nourrir	7. _____
8. Offrir	8. _____
9. Exclure	9. _____
10. Apprécier	10. _____

Avec les verbes de la colonne de gauche et les verbes inscrits dans la colonne de droite, synthétisez oralement le contenu des deux reportages et indiquez quelques points communs et quelques différences.

COMPRÉHENSION GÉNÉRALE DE L'ÉCRIT : DÉTAIL, COMPLEXITÉ, REFORMULATION

Lisez le texte suivant.

TEXTE 1 : « ENTRE LA RUE ET LA PRISON » DE YANICK BARRETTE

L'histoire que je vous raconte aujourd'hui est celle de Michel, un itinérant montréalais. Lorsque je l'ai rencontré, il venait de sortir de prison, quelques heures auparavant.

Note des auteures : Dans la première partie de l'article, Michel fait le récit de sa vie entre la rue et la prison. Il raconte aussi les efforts qu'il a mis pour se trouver une place en société.

[...]
Pendant son récit, Michel prit une pause pour réfléchir un instant… Avec la rage au cœur, il m'expliqua que le désir ne suffisait pas, que la détermination de s'en sortir était souvent engouffrée par les nombreux obstacles à sa réinsertion. Michel comprit que sa résurrection comme citoyen frappait un mur. Il était encombré dans une réalité

bureaucratique et structurelle dans laquelle la logique de notre société commande que pour trouver un logement, il faille de l'argent; inversement, pour avoir de l'argent, sans verser dans la criminalité, il faut un travail. Finalement, pour avoir du boulot, ne serait-ce que de décrotter les toilettes chez McDo, il est essentiel d'avoir une identité, qui à son tour doit s'appuyer sur un lieu de résidence.

Seul au monde, Michel était pris dans une spirale administrative et bureaucratique, qui freinait à tout instant ses ambitions. Certes, comme il le rappelle lui-même, les outils étaient bien disponibles, mais pratiquement inaccessibles : « Voilà une dure réalité qui s'avère un obstacle pour sortir de l'itinérance. »

Devant son incapacité à répondre aux exigences administratives, Michel dut se résoudre à squatter temporairement certains lieux abandonnés de la métropole, jusqu'au jour où il se fit arrêter à nouveau; cette fois pour avoir pénétré par infraction [sic] dans un bâtiment abandonné de Rivière-des-Prairies. Lorsque je l'ai rencontré, il venait tout juste de terminer sa peine (quelques jours). Michel était furieux… Tentant de le calmer, je lui ai parlé des récentes annonces de la Ville de Montréal en matière de lutte à l'itinérance. Il me regarda longuement d'un air sceptique… Je continuai en lui étalant les mesures de l'administration Coderre : investissement supplémentaire de 1 million de dollars, subvention pour la création de 1 000 nouvelles maisons de chambres, opération de recensement des sans-abri et création d'un poste de Protecteur des personnes itinérantes dans le but notamment de faciliter l'insertion sociale des personnes comme lui. De manière tout à fait personnelle, j'estime que les grandes lignes de ce plan sont prometteuses; pourtant Michel, lui, était dubitatif. Il me regarda et me dit : « C'est bien beau sur papier, mais qui va financer ces mesures? Y'en a pas d'argent! Comment concrètement va-t-on m'aider à sortir de ce calvaire? Est-ce que les règles administratives vont changer, est-ce qu'elles seront plus lousses? J'en doute! » […]

Je lisais la rage sur son visage, j'entendais la colère dans le ton emprunté. J'avais devant moi un homme qui, par tous les moyens, tentait, une fois pour toutes, de ranger sa vie après avoir vécu pendant de nombreuses années dans les abîmes de la criminalité et de l'itinérance. J'étais impuissant, assis sur ma chaise devant un cri du cœur qui rejoint le récit de beaucoup d'autres sans-abri. J'aurais voulu faire la différence, mais j'en étais incapable.

J'ai ainsi décidé d'intervenir via ce texte, via ce récit de vie; c'est donc mon cri du cœur que j'envoie au maire Coderre. Monsieur le maire, je vous demande de respecter vos engagements afin de venir en aide à tous les Michel qui vivent dans la rue et qui souhaitent enfin s'en sortir.

504 mots

Préactivité, Savoir-faire — Actes de parole : Lexique

Trouvez une formule équivalente aux expressions suivantes utilisées dans le texte :

La rage au cœur	S'engouffrer
Sa résurrection comme citoyen	Frapper un mur
L'encombrement bureaucratique	La spirale administrative

Freiner les ambitions	Squatter
Pénétrer par effraction	Avoir un ton emprunté

COMPLEXITÉ : LA NARRATION

RELEVEZ CINQ EXPRESSIONS QUI CORRESPONDENT À DE LA NARRATION

a) _____

b) _____

c) _____

d) _____

e) _____

REFORMULER, IMAGINER, RACONTER

1. *Choisissez la phrase qui énonce pour vous l'idée essentielle*

_____

2. *Trouvez une phrase qui propose un sujet argumentatif*

_____

3. *Nommez trois besoins exprimés par Michel*

a) _____

b) _____

c) _____

Prenez la plume

Forme privilégiée : Lettre intime

Mise en contexte

En environ 300 à 400 mots, écrivez une lettre en imaginant que vous vous adressez à un aumônier qui est venu vous visiter en prison. Vous pouvez vous inspirer des mots suivants :

« *Merci de croire en moi. Je ne sais pas pourquoi je ne pense plus pouvoir m'en sortir, mais je veux au moins expliquer pourquoi je me retrouve ici.* » **Utilisez les caractéristiques du texte narratif.**

ACTE DE PAROLE (1) : HIER, AUJOURD'HUI ET DEMAIN

À la bibliothèque de votre université, ou en ligne, **trouvez** une version papier ou cinématographique de *Les misérables* de Victor Hugo. **Sélectionnez** quelques extraits de cette œuvre classique et repérez les thématiques proposées par les reportages et les textes de l'unité 8.

Réalisez une affiche ou un montage virtuel de dix phrases que vous considérez représentatives des idées les plus significatives de ce récit.

Effectuez une comparaison entre un personnage fictif de cette œuvre et une réalité quotidienne mentionnée dans les médias d'aujourd'hui. **Précisez** les changements, les éléments toujours communs et les préoccupations probables de demain.

ACTE DE PAROLE (2) : DÉCOUVERTE

- Jean-Jacques Goldman a écrit une chanson inspirée de l'initiative « **Les restos du cœur** » de Coluche.
  - **Informez-vous** sur cet organisme, sa raison d'être, son fondateur, sa durée dans le temps et l'impact sur la législation française.
  - **Trouvez** les mots de la chanson thème et **analysez** leur sens et leur actualité.

- Y a-t-il encore des chansons « engagées » qui soulèvent des problématiques sociales ? **Effectuez** une recherche sur la toile et partagez vos découvertes avec la classe.

ACTE DE PAROLE (3) : TÂCHE FICTIVE ET... AUTHENTIQUE

En équipe de deux ou trois, imaginez ou rappelez-vous la rencontre avec un ou des itinérants.

Mise en contexte

Obtenez des renseignements pour trouver les services sociaux existant dans votre quartier. Informez-vous au sujet des soupes populaires, des restaurants à prix modiques, des services d'hébergement de courte de durée pour les itinérants. Recueillez des informations concrètes : adresses, horaires, durée, genre d'aide proposée, critères d'admissibilité.

Vous avez rencontré un itinérant et vous ne voulez pas simplement lui donner quelques pièces de monnaie. Expliquez-lui quelles sont les options que vous aimeriez lui proposer. Questionnez-le sur ses besoins et sur ses ressources et proposez-lui des solutions durables. Partagez en classe par le moyen d'un jeu de rôle.

DOSSIER B — SAVOIR-FAIRE : COMPRÉHENSION ORALE, DISCUSSION — PARTAGE

« DU CŒUR AU VENTRE »

Reportage : Olivier Caron – La Cité collégiale, Ottawa

SOUS LA LOUPE

PRÉACTIVITÉ, SAVOIR-FAIRE — ACTES DE PAROLE : LEXIQUE

Après avoir écouté les deux reportages de cette unité 8, à l'aide d'un dictionnaire, explorez le sens et la nature des expressions suivantes et formulez une expression équivalente en distinguant les niveaux de langue plus familiers.

Ex. : Laisser sortir	Se défouler
Trouver quelque chose plate	
Avoir de la misère (financièrement)	
Ce n'est pas tous les jours qu'on reçoit un prix	
Il y a beaucoup de moments morts	
Ne pas être jaseux	

Ça ne va nulle part	
Par chez nous	
Faire la journée de quelqu'un	
Avoir l'effet boule de neige	
Regarder les deux côtés de la médaille	

SAVOIR-FAIRE : COMPRÉHENSION ET ÉCRITURE

Texte 2 : « Combattre la pauvreté chez les jeunes, un quartier à la fois », de Louise Umutoni

La pauvreté chez les jeunes à Ottawa en préoccupe plusieurs, dont Patrick Twagirayezu, étudiant de première année en common law et science politique, qui a participé à diverses initiatives axées sur les problèmes qui touchent la jeunesse.

« J'ai lancé mon premier projet, Change for Kids, avec un ami du secondaire. On visait à amasser des fonds pour le CHEO et pour des projets comme le 30 heures famine de Vision mondiale qui viennent en aide aux enfants », explique-t-il.

Mais ça ne lui suffisait pas, et il voulait jouer un rôle plus actif dans la mise en œuvre des projets. S'étant intéressé de plus en plus à des projets touchant la pauvreté chez les enfants et les jeunes, il en est arrivé à fonder le Capital Youth Initiative (CYI) dont le seul objectif est de lutter contre la pauvreté chez les jeunes de la région de la capitale nationale.

Originaire du Rwanda, Patrick attribue sa passion pour le changement positif à une visite qu'il a faite dans son pays natal. « J'ai vu tellement de pauvreté, surtout parmi les enfants du village que j'ai visité », raconte-t-il. « Je me souviens d'avoir pensé que j'aurais pu être l'un d'eux et que j'ai eu de la chance d'y échapper. » C'est alors qu'il a été convaincu du besoin de sensibiliser les gens à la pauvreté chez les enfants, et qu'il a décidé de commencer par sa propre ville, Ottawa.

« Les enfants et les jeunes ne sont pas à blâmer pour la pauvreté. Ils n'ont tout simplement pas la chance de s'en sortir, et nous espérons leur en donner grâce à CYI », déclare-t-il. En collaborant avec des organismes comme Centraide, CYI souhaite cerner les quartiers aux prises avec la pauvreté des jeunes pour ensuite traiter le problème un quartier à la fois.

En se fondant sur l'étude des quartiers d'Elizabeth Kristjansson, professeure à la Faculté des sciences sociales, le CYI pourra concentrer ses efforts sur des solutions concrètes aux problèmes des quartiers ayant le plus haut niveau de pauvreté chez les jeunes. Selon Patrick, une façon de le faire est d'établir des partenariats avec des entreprises locales pour fournir de l'emploi aux jeunes aptes à travailler. Il compte aussi sur la collaboration des écoles de quartier pour venir en aide aux élèves venant de familles à faible revenu. De plus, le CYI espère jouer un rôle clé dans l'établissement de politiques municipales touchant la pauvreté chez les jeunes.

Patrick, qui a récemment participé activement à l'organisation de l'inauguration du Monument de la francophonie, est également un ardent défenseur de la communauté francophone, de son esprit et de sa fierté. Il croit que les étudiants devraient s'engager davantage au sein de la communauté francophone. « Les jeunes ont beaucoup à contribuer à leurs communautés, surtout sur le plan des enjeux majeurs. Beaucoup de choses se passent ici et maintenant, et je pense qu'il faut aborder ces questions avant de se lancer dans l'arène internationale, même si, bien sûr, ce sont également des problèmes importants », ajoute-t-il.

608 mots

- Dans le texte de Louise Umutoni, ci-dessus, repérez trois sous-thèmes abordés par l'auteure. Pour chacun de ces sous-thèmes, relevez des mots clés, noms, adjectifs ou verbes, et exemples d'idées proposées.

Sous-thème 1	L'implication des jeunes	
Noms communs/Noms propres	Adjectifs/adverbes	Exemples d'idées

Sous-thème 2	La pauvreté chez les enfants	
Noms communs/Noms propres	Adjectifs/adverbes	Exemples d'idées

Sous-thème 3	La francophonie	
Noms communs/Noms propres	Adjectifs/adverbes	Exemples d'idées

Synthétiser, relever des informations, formuler des arguments

- Résumez dans un paragraphe de 50 mots le témoignage proposé dans cette rubrique.

- Établissez un lien entre la thématique de l'itinérance et celle de la pauvreté chez les enfants.

- Vous avez lu cet extrait d'une campagne Centraide :

  « Bonjour, je m'appelle Nathan. Je suis l'un des 1 400 jeunes itinérants d'Ottawa. Nous avons besoin de votre aide. Je vis au jour le jour. Je me préoccupe de ce que je vais me mettre sous la dent à mon prochain repas, de l'endroit où je m'assoupirai la nuit prochaine. Je vais souvent dormir dans un stationnement du centre-ville; c'est calme là-bas, et je suis protégé des mauvaises conditions météorologiques, comme la pluie et la neige. Ce ne sont pas des choses [dont] la plupart des jeunes âgés de 17 ans doivent se soucier… »

- Prenez la plume et écrivez un message à vos collègues. Invitez-les à participer à la prochaine campagne de financement de Centraide. Vous prévoyez une cueillette pour la banque alimentaire de votre quartier, mais vous espérez aussi recueillir des fonds qui serviront à subventionner un centre d'hébergement pour les sans-abri.

- Organisez une soirée spectacle pour sensibiliser la population aux besoins des plus démunis. Lancez un appel aux talents de jeunes artistes ou d'amateurs pour organiser cet événement.

Écoutez l'enregistrement du CD « À l'affiche »
Quartet discute *Le Havre*

Compréhension orale et acte de parole écrite (1)

Écoutez attentivement l'enregistrement du Quartet sur le film proposé.

Déterminez trois thématiques principales de la discussion et choisissez des mots clés employés dans cette conversation pour illustrer les différents propos.

Thématique 1	Thématique 2	Thématique 3

Prenez la plume

Forme privilégiée : Lettre intime d'un réfugié
Destinataire visé (e) : Ami(e) de classe

Dans les deux reportages de cette unité, ainsi que dans les commentaires sur le film *Le Havre*, la misère et la générosité sont en dialogue, mais tissent des pistes d'espoir. Avec les éléments de cette unité et les nouvelles concernant les nombreux réfugiés dispersés partout dans le monde, abordez la tâche d'écriture suivante.

Mise en contexte

« Il est l'un des deux millions de Sud-Vietnamiens qui ont fui leur pays envahi par les troupes communistes du Nord en 1975 ». Tiré de : Trân Quôc Trung (2001), La barque. L'école des loisirs — Éditeur

Sujet choisi : « La vie dans la barque… et avant… »

Vous êtes le protagoniste. Vous avez reçu la visite d'un(e) ami(e) de classe au Canada. Vous désirez le/la remercier et lui parler un peu de vous, de ce que vous ressentez, des raisons valables ou non qui font que vous êtes désemparé devant ce nouveau pays qui est maintenant le vôtre (300-350 mots maximum).

Unité 8 : Sans toit, mais avec toi

ACTE DE PAROLE (2) : LA RÉALITÉ ET LA FICTION

• Effectuez une recherche sur l'un des trois films suivants et préparez-vous à le présenter.

Sous les étoiles	Mommy	Monsieur Vincent

o   Date de réalisation — Réalisateur
o   Acteurs — Interprètes principaux
o   Histoire — Scénario
o   Bande sonore
o   Date de parution et disponibilité de visionnement

• Exprimez votre opinion sur un élément du film choisi qui vous touche, vous attire ou qui vous dérange. Appuyez votre choix sur une ou deux justifications.

ACTE DE PAROLE (3) : TÂCHE AUTHENTIQUE

Mise en contexte
Vous êtes des étudiants inscrits à un programme de sciences sociales et vous désirez contribuer activement à une amélioration des programmes d'aide proposés aux itinérants. Vous avez décidé de vivre comme eux, pendant une semaine, pour sensibiliser la population :

• Établissez le calendrier et les modalités de ce projet;

• Préparez une affiche qui sera aussi mise en ligne dans vos réseaux sociaux et qui annonce cette initiative;

• Faites une liste des contacts que vous devrez établir (avec les services policiers, votre université, votre ville) afin de mener à bien votre projet;

• Précisez ce que vous n'auriez pas pu faire sans l'appui de votre université et reconnaissez les fragilités et vulnérabilités des vrais itinérants;

• Écrivez le témoignage de l'une de vos journées « itinérantes » et proposez-le au journal de l'association étudiante de votre université.

Compétences plus selon le CARAP

Cadre de référence pour les Approches Plurielles des Langues et des Cultures

Les savoir-être

Animez une table ronde autour des descripteurs suivants

A 4.4   Accepter qu'il existe d'autres modes d'interprétation du réel, d'autres systèmes de valeurs (implicites langagiers, signification des comportements)

A 6.5   Avoir du respect pour la dignité humaine et l'égalité des droits humains pour tous

A 17.2   Accorder de la valeur aux connaissances ou acquis linguistiques, quel que soit le contexte dans lequel ils ont été acquis (p. ex. en contexte scolaire ou en dehors du contexte scolaire)

www.carap.ecml.at

UNITÉ 9

LIBERTÉS À CRÉDIT

Les rêves : imaginaire et réalité

MISE EN CONTEXTE

Dans cette unité, les thèmes suivants sont proposés : l'argent, l'indépendance ou la dépendance financière, l'entrepreneuriat, l'immigration, la migration illégale, les rêves et la réalité.

PRÉACTIVITÉ, REMUE-MÉNINGES, ACTE DE PAROLE : TÂCHE AUTHENTIQUE

- Consultez les manchettes, les journaux ou un site Web sur l'actualité et proposez un exemple d'événement qui parle de l'un des thèmes suggérés par l'unité 9.
- Précisez la source, l'auteur et la date de parution des informations choisies (texte, vidéo, audio).
- Relevez dans votre document cinq à dix mots clés qui vous permettent d'identifier le contenu principal du texte ou de l'extrait vidéo.

Tableau : Mise en commun (4 événements)

Exemple :

Événement	Source	Auteur	Date	Genre
Frais de scolarité à la hausse	Radio-Canada	Non disponible	13 janvier 2016	Informations régionales
Mots clés :				
Établissement	Droits de scolarité	Frais d'inscription	Médecine dentaire	Statistiques
Justification : Cette nouvelle touche les étudiants universitaires qui doivent prévoir un budget de leurs dépenses et une façon d'avoir des revenus pour payer leurs études.				

Événement	Source	Auteur	Date	Genre

Mots clés :

Justification :

Événement	Source	Auteur	Date	Genre

Mots clés :

Justification :

Événement	Source	Auteur	Date	Genre

Mots clés :

Justification :

Préactivité, remue-méninges, acte de parole : Partage

- En petits groupes de trois ou quatre, comparez les résultats de votre recherche.
- Complétez le tableau récapitulatif suivant en ordonnant les informations recueillies selon un ordre prioritaire que vous aurez choisi en groupe.
- Préparez-vous à expliquer comment et pourquoi certaines nouvelles ont plus d'importance que d'autres.

Préactivité, savoir-faire, actes de parole : Lexique

Familiarisation avec le vocabulaire :
À l'aide d'un dictionnaire, explorez le sens et la nature des mots suivants et cherchez un ou plusieurs verbes utilisés en cooccurrence avec ces mots. Donnez un exemple d'une expression d'usage courant.

Ex. : argent	Nom masculin	Investir de l'argent – Gagner de l'argent
prêt		
emprunt		
épargne		
compte de banque		
crédit		
dette		
remboursement		
pénalité		
intérêt		
faillite		

DOSSIER A — SAVOIR-FAIRE : COMPRÉHENSION ORALE, DISCUSSION — PARTAGE

« LA CORDE AUX COÛTS »
Reportage : Jérémie Bergeron – La Cité collégiale, Ottawa

Écoutez le premier des deux reportages qui vous sont proposés dans cette unité,
« La corde aux coûts ».

Reconnaître une gamme d'expressions idiomatiques

Dans l'extrait du reportage « La corde aux coûts », les expressions suivantes sont utilisées dans le dialogue. Avec les expressions suggérées par le dictionnaire Antidote, trouvez le sens de l'emploi de ces mots dans le contexte du reportage visionné.

1. Les assurances de char
2. Veut veut pas
3. Loader ses cartes de crédit
4. Une marge de crédit
5. Enfoncer (être ou avoir)
6. Le niveau d'endettement
7. Les ménages
8. Les bébelles et les gadgets
9. Le cinéma maison
10. Être « fudge »
11. Une carte de fidélisation
12. Encadrer les gens

Antidote vous suggère :

1. Char : est un mot familier pour désigner une automobile
2. L'adverbe « veut veut pas » équivaut à l'expression, « qu'on le veuille ou non », « bon gré, mal gré »
3. Un anglicisme auquel il est préférable d'utiliser « surcharger »
4. Limite d'emprunt bancaire
5. S'engouffrer dans une spirale négative
6. Un degré de comparaison de la dette
7. Un couple vivant ensemble ou encore, une unité élémentaire de population qui habite un même logement, considérée du point de vue de la consommation (statistiques)
8. L'origine étymologique de bébel ou bebelle, signifie « objet sans importance » « jouet »
9. Le cinéma maison est une « installation audiovisuelle destinée à restituer à domicile les effets sonores et visuels d'une salle de cinéma ». Aussi défini : cinéma à domicile
10. Le fudge est un caramel au chocolat, mais son emploi en français familier est un anglicisme et représente une expression de « dépit et de découragement ». Une expression familière serait « l'écœurantite aiguë » ou en français « un ras-le-bol »
11. Une carte qui reconnaît la fidélité d'un client envers un fournisseur
12. Superviser, diriger des équipes de travail

Savoir-faire, écriture : Synthétiser l'information et argumenter

À l'aide des expressions ci-dessus, proposez une synthèse du reportage (ne pas dépasser 75 mots)

Acte de parole (1) : Construire — Déconstruire

Si vous deviez diviser le reportage en **trois sous-thèmes**, comment pourriez-vous intituler chaque nouveau thème? Développez une nouvelle toile sémantique de cinq nouveaux mots pour chacun des thèmes. Vous pourriez, par exemple, choisir « Jeunesse », « Insouciance », « Erreur ».

Avec cette banque de mots nouveaux, **imaginez** cinq questions d'entrevue que vous pourriez poser à de jeunes étudiants au sujet de la santé de leurs finances.

Acte de parole (2) : Aujourd'hui et demain

- Par une description des comportements et habitudes des jeunes d'aujourd'hui, **donnez cinq** caractéristiques observables des modes de vie des jeunes, dans votre entourage immédiat et **comparez-les** avec les modes de vie d'une société d'un autre pays (occidental ou non).

- **Exprimez votre opinion** sur un élément de comportement qui vous touche ou qui vous dérange. Appuyez votre argumentation avec un ou deux exemples.

- **Imaginez** l'avenir de la prochaine génération. **Formulez une hypothèse** quant aux moyens qui seront à la disposition des jeunes pour construire leur avenir et leur stabilité économique. **Justifiez** votre réponse.

Acte de parole (3) : Tâche authentique

Mise en contexte

Vous désirez entreprendre une formation universitaire à l'étranger, mais… cela coûte très cher! Informez-vous auprès du service de prêts et bourses de l'institution que vous aimeriez fréquenter pour savoir quelles sont les formules disponibles pour les étudiants.

Établissez un calendrier avec des échéances pour ne pas manquer :

- Des séances d'information proposées par votre institution et par l'institution d'accueil.
- Des délais pour soumettre une demande de subvention.
- Des conditions d'emprunt ou de remboursement exigées pour différents scénarios.

Sous la loupe

Savoir-faire : compréhension et écriture

Texte 1 : « L'entrepreneur philanthrope » Louis de Melo et Mike Foster

Jay Hennick est à la tête d'une entreprise internationale qui fournit des services de courtage et de gestion immobilière commerciale. Il trouve pourtant le temps d'appuyer de nombreuses œuvres de bienfaisance en éducation et en soins de santé. […]

Jay Hennick (LL.B. 1981) a grandi dans un quartier pauvre de Toronto. Avant même de finir son secondaire, il a obtenu un emploi comme maître-nageur, qui lui a vite servi de tremplin pour lancer sa propre entreprise de dotation en personnel pour piscines et installations récréatives publiques.

De là est née l'une des plus importantes sociétés de gestion immobilière au monde, FirstService Corporation, qui compte plus de 24 000 employés et dont le revenu annuel frôle aujourd'hui les 3 milliards de dollars. Lors de la collation des grades de l'automne 2014 à l'Université d'Ottawa le mois dernier, M. Hennick s'est vu remettre un doctorat honorifique, aux côtés de deux autres diplômés exceptionnels. Louis de Melo, vice-recteur aux relations extérieures de l'Université, l'a rencontré pour lui parler de son parcours hors du commun.

« En 1989, vous aviez une brillante carrière chez Fogler Rubinoff comme avocat spécialisé en droit des sociétés, mais vous avez décidé de changer de cap et de fonder votre entreprise, FirstService. Pourriez-vous nous décrire vos motivations? »

« Permettez-moi d'abord de dire que j'ai adoré être avocat, une profession que j'ai exercée pendant 13 ans et qui m'a beaucoup apporté. Ce que j'ai le plus apprécié à l'époque, c'est d'avoir ainsi pu apprendre tant de choses des formidables entrepreneurs et dirigeants de sociétés qu'il m'a été donné de côtoyer. Au fil des années, j'ai senti monter en moi l'envie de faire comme eux, de créer ma propre entreprise. Ayant vu ce que d'autres avaient réussi à accomplir, dès le moment où j'ai entrevu la possibilité de fonder une société d'envergure dans le secteur des services, je l'ai saisie. C'est alors que j'ai fondé FirstService et que je me suis consacré à la réalisation de mon rêve. […] »

« Vos activités ont aussi de fortes composantes philanthropes. Vous avez, avec votre conjointe, mis sur pied une fondation qui porte vos nom, la Jay et Barbara Hennick Foundation, et qui a pour mandat d'appuyer une variété de causes dans les domaines de l'éducation, des soins de santé et de la recherche médicale, et notamment le programme combiné de J.D.-M.B.A. à la Faculté de droit de l'Université d'Ottawa. Vous présidez par ailleurs le conseil d'administration de l'Hôpital Mount Sinaï de Toronto. D'où vient cette générosité en temps et en argent? »

« Barbara et moi avons, à bien des égards, eu beaucoup de chance dans la vie. Nous avons bien sûr travaillé très fort pour en arriver où nous en sommes, dans notre vie de famille, avec nos enfants, mais aussi en affaires.

« En chemin, nous avons eu connaissance de bien des écarts et lacunes, par exemple dans l'accès aux études ou aux soins de santé, et nous avons ressenti le besoin d'agir. Personnellement, j'estime aussi qu'il serait préférable qu'un plus grand nombre de juristes aient une formation en gestion des entreprises, non seulement pour ajouter des cordes à leur arc dans l'exercice de la profession d'avocat, mais pour leur permettre, si le cœur leur en dit, d'un jour se reconvertir dans les affaires.

« Nous avons donc décidé, mon épouse et moi, d'accorder une subvention aux jeunes qui en ont besoin pour pouvoir prolonger leurs études d'une année, décrocher un diplôme en gestion des affaires, et ainsi améliorer ou multiplier leurs débouchés. Les soins de santé sont manifestement une autre chose qui nous tient très à cœur.

« Nous devons trouver moyen de financer plus de recherche pour trouver plus de remèdes. L'une des choses qui m'apporte le plus de satisfaction en tant que président du conseil d'administration de Mount Sinaï, c'est de rencontrer les personnes qui veulent faire un don à l'hôpital pour discuter de la manière d'utiliser leur don pour financer au mieux les activités qui ont le plus d'importance à leurs yeux.

« La générosité dont je suis témoin m'inspire comme elle inspire d'autre à se montrer généreux à leur tour. Lorsqu'on se sait privilégié et capable d'aider, concrètement, ceux qui sont moins bien lotis, comment ne pas le faire? »

700 mots

SAVOIR-FAIRE : COMPRÉHENSION ET ÉCRITURE

- Dans le texte ci-dessous, repérez trois sous-thèmes abordés par l'auteur. Pour chacun de ses sous-thèmes, relevez des mots clés, noms, adjectifs ou verbes, et des particularités grammaticales différentes.

SYNTHÉTISER, RELEVER DES INFORMATIONS, FORMULER DES ARGUMENTS

- Résumez dans un paragraphe de 50 mots le témoignage proposé dans cette rubrique.
- Établissez un lien entre le texte proposé et le reportage *La corde aux coûts*.
- Prenez la plume et réagissez à ce texte. Votre production écrite peut prendre la forme d'une lettre ouverte à la rédaction ou d'un courrier du lecteur.

COMPRÉHENSION GÉNÉRALE DE L'ÉCRIT : DÉTAIL, COMPLEXITÉ, REFORMULATION

Sous-thème 1		
Noms communs/Noms propres	Adjectifs/adverbes	Compléments ou propositions subordonnées

Sous-thème 2		
Noms communs/Noms propres	Adjectifs/adverbes	Compléments ou propositions subordonnées

Sous-thème 3		
Noms communs/Noms propres	Adjectifs/adverbes	Compléments ou propositions subordonnées

« Terre promise? »

Reportage : Mama Afou – La Cité collégiale, Ottawa

Écoutez le second des deux reportages qui vous sont proposés dans cette unité, « Terre promise? ».

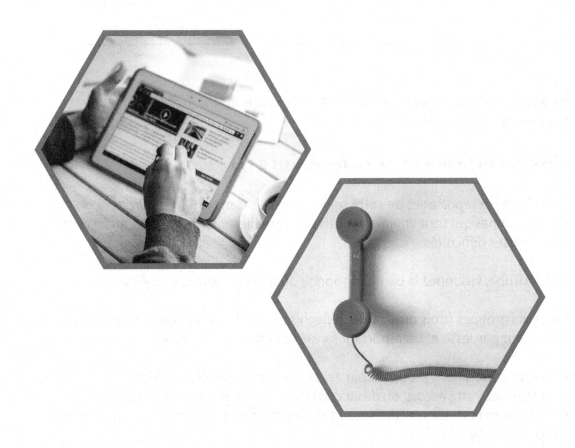

À l'aide d'un dictionnaire, explorez le sens et la nature des expressions suivantes et formulez une expression équivalente. Attention, certaines expressions sont de registre familier.

Ex. : Comprendre une réalité	Prendre acte, prendre conscience de la réalité – S'éveiller à la réalité
Entamer une procédure	
Se retrousser les manches	
Se faire reconnaître un diplôme	
Postuler pour un emploi	
Une destination privilégiée	
Une situation précaire	
Se chicaner toujours	
Capoter pour des ennuis	
Être aux prises avec des problèmes financiers	
Graduer d'une école de commerce	

ÉCOUTEZ L'ENREGISTREMENT DU CD « À L'AFFICHE »
Quartet discute *La Pirogue*

COMPRÉHENSION ET ACTE DE PAROLE (1)

Dans les deux reportages de cette unité, ainsi que dans le film *La Pirogue*, on rencontre des personnes qui sont vraiment motivées à améliorer leur situation, mais qui éprouvent de sérieuses difficultés.

Sur YouTube, visionnez la bande-annonce du film en rubrique, *La Pirogue*.

En petits groupes (trois ou quatre), réfléchissez aux liens que vous pouvez établir entre le film décrit par Jesse et les reportages visionnés dans cette unité.

- Relevez trois liens proposés par Jesse, Miriam, Raphaël et Myriam
- Exprimez votre accord ou désaccord avec l'une des idées exprimées
- Imaginez la vie de l'un des protagonistes du film, en créant un portrait fictif du personnage

- Improvisez un dialogue de deux ou trois minutes, représentatif de l'une des situations présentées dans cette unité

ACTE DE PAROLE (2) : LA RÉALITÉ ET LA FICTION

- **Effectuez une recherche** sur l'un des trois films suivants et préparez-vous à le présenter :

La Pirogue	Deux jours, une nuit	Ma part du gâteau

- o   Date de réalisation — Réalisateur
- o   Acteurs — Interprètes principaux
- o   Histoire — Scénario
- o   Bande sonore
- o   Date de parution — Formats disponibles

- **Exprimez votre opinion** sur un élément du film choisi, qui vous touche, vous attire, ou qui vous dérange. Appuyez votre choix avec une ou deux justifications.

ACTE DE PAROLE (3) : TÂCHE AUTHENTIQUE

Mise en contexte
On vous a demandé de coordonner et préparer une campagne de financement pour aider une population en détresse. Vous devrez formuler la planification d'activités qui pourront s'inscrire dans la réalisation de ce projet. De façon plus spécifique :

- Renseignez-vous pour savoir ce qui se fait déjà dans la communauté à laquelle vous appartenez
- Suggérez des partenaires, des commanditaires ou des personnes intéressées à appuyer votre campagne
- Donnez un exemple concret de projet humanitaire que vous pourriez réaliser, ainsi que les délais prévus pour la mise en œuvre des différentes étapes de la campagne

COMPRÉHENSION GÉNÉRALE DE L'ÉCRIT : DÉTAIL, COMPLEXITÉ, REFORMULATION

TEXTE 2 : « LITTÉRATURE MIGRANTE » DE JEAN-PHILIPPE CIPRIANI

Il y a une vingtaine d'années, mes professeurs évoquaient Yin Chen, Philippe Poloni, Sergio Kokis ou Dany Laferrière pour parler de « littérature migrante ». Le Québec avait trouvé des voix nouvelles qui racontaient leur quête de racines et d'identité. Près de deux décennies plus tard, le terme « littérature migrante » pourrait désormais désigner les récits, déjà fort nombreux, des réfugiés poussés sur les routes par les conflits, à la recherche d'un passage vers un Occident espéré. Quant à l'identité, elle est devenue un thème douloureusement domestique.

En 2001, le journaliste italien Fabrizio Gatti s'est infiltré dans les camps de détention illégaux à Milan pour rapporter les conditions de vie déplorables des réfugiés. Parce que oui, les migrants s'échouent sur les côtes de la Méditerranée depuis fort longtemps. Il raconte son expérience dans *Bilal sur la route des clandestins*, avec un peu plus de réalisme qu'un Paul Houde dans un avion survolant l'Ukraine.

Gatti s'est transformé en Kurde rêvant à l'Europe. Il s'est fabriqué une histoire, est parti à Dakar, au Sénégal, quelques dollars en poche, ainsi qu'avec un gilet de sauvetage, quelques boîtes de conserve et une bouteille d'eau. Et de la colle sur les doigts pour masquer ses empreintes digitales. Il s'est mêlé aux jeunes désespérés. Et comme eux, il a expérimenté la magouille pour tenter de trouver un passeur qui accepterait de l'emmener.

Les prix variaient de centaines à des milliers d'euros à l'époque. Considérant qu'un visa légal pour l'Italie peut coûter au-delà des 50 000 euros, on comprend que les migrants choisissent l'option illégale. Gatti décrit le royaume du bakchich, toujours plus cher auprès de passeurs sans scrupules. Tout s'achète. Ils mènent cet esclavage moderne, ce trafic d'êtres humains ballottés d'un car à l'autre, d'une frontière à l'autre, comme un bétail soumis.

Le journaliste infiltré traverse le désert du Sahara, la chaleur, la soif, dans des camions déglingués. Il y a les soldats à soudoyer. Il y a les morts aussi — allez survivre dans un désert si vous n'avez rien. [...]

Arrivés en Libye, les réfugiés sont tabassés, emprisonnés, ou abandonnés. Gatti, lui, remonte en Tunisie pour traverser la Méditerranée sur un rafiot pour arriver à Lampedusa. L'île, au milieu de la Méditerranée, est une possession italienne; toucher terre veut dire entrer en territoire européen. Et être pris en charge. Comme les autres, il va se jeter dans la mer pour être repêché par les gardes côtiers. À Lampedusa, la plupart se retrouvent bloqués dans des prisons. Des cages, littéralement. Ils ont de la nourriture et de l'eau. Mais ils restent entassés, des dizaines à dormir sur les tables, à la merci de la violence insoupçonnée des gardiens. L'enquête de Gatti a provoqué des changements majeurs sur la manière dont l'Italie traite les migrants.

Surtout, Gatti décrit le migrant intérieur. La faim, la violence, l'humiliation, le mépris. C'est un défi mental de tous les instants, chaque fois qu'il rencontre un autre migrant, un soldat, un mercenaire. Quoi dire? Quoi taire? Et par quel moyen pourrai-je obtenir ce que je veux? Quand il se fait arrêter, il doit déchiffrer tout ce qui se dit. Pour ne pas qu'on l'enferme, qu'on le frappe, qu'on le tue. [...]

526 mots

Œuvres citées dans cet article :
Mare Mater : Journal méditerranéen, Patrick Zachmann
La mer, le matin, Margaret Mazzantini
Bilal sur la route des clandestins, Fabrizio Gatti

Savoir-faire : compréhension et écriture
Reformuler, imaginer, raconter

Dans le texte de Jean-Philippe Cipriani, l'emploi des expressions suivantes sert à la narration de son récit. En reprenant ces expressions, inventez une courte histoire nous parlant d'une situation nouvelle, réelle ou fictive (environ 350 mots).

1. Trouver des voix nouvelles qui racontent leur quête de racines et d'identité
2. L'identité, un thème douloureusement domestique
3. De la colle sur les doigts pour masquer ses empreintes digitales
4. Expérimenter la magouille
5. Des êtres humains ballottés comme du bétail soumis

COMPÉTENCES PLUS SELON LE CARAP

CADRE DE RÉFÉRENCE POUR LES APPROCHES PLURIELLES DES LANGUES ET DES CULTURES

Les savoir-être

Animez une table ronde autour des descripteurs suivants

A 6.5   Avoir du respect pour la dignité humaine et l'égalité des droits humains pour tous

A 6.5.1   Avoir de l'estime pour [accorder de la valeur à] la langue et la culture de chaque individu

A 6.5.2   Considérer chaque langue et culture comme moyen de développement humain, d'inclusion sociale et de condition à l'exercice de la citoyenneté

www.carap.ecml.at

Transcriptions

Reportages DVD	Pages	Quartet discute CD	Pages
Unité 1 : • Qui l'eût cru • Peut contenir des traces de…	175–176 177–179	Unité 1 : • *Les saveurs du palais*	180–185
Unité 2 : • Au cœur de la recherche • Sur un coup de tête	186–187 188–190	Unité 2 : • *Hippocrate*	191–195
Unité 3 : • Un choix important • En français s'il vous plaît	196–198 199–202	Unité 3 : • *La Grande Séduction*	203–207
Unité 4 : • Même heure, même poste • Prisonnière de moi-même	208–210 211–213	Unité 4 : • *La Famille Bélier*	214–219
Unité 5 : • Le converti • D'elle à lui	220–221 222–224	Unité 5 : • *Qu'est-ce qu'on a fait au Bon Dieu?*	225–228
Unité 6 : • Un coup de main • Le meilleur ami de l'étudiant	229–231 232–234	Unité 6 : • *La tête en friche*	235–239
Unité 7 : • Seule pour aimer • Soldat un jour, soldat toujours	240–242 243–244	Unité 7 : • *Couleur de peau : miel*	245–248
Unité 8 : • Survivre à la rue • Du cœur au ventre	249–250 251–253	Unité 8 : • *Le Havre*	254–259
Unité 9 : • La corde au coûts • Terre promise?	260–262 263–265	Unité 9 : • *La Pirogue*	266–271

Voici le son qu'entend Marie-Claude Allard deux fois par jour lorsqu'elle rince ses germinations, des pousses de luzerne, de brocoli ou d'une foule de légumes qu'elle fait germer.

Marie-Claude est crudivore et adepte de l'alimentation vivante. Elle ne cuit aucun aliment et préfère ceux qui sont toujours en croissance. C'est pourquoi les germinations sont à la base de son alimentation. Une seule poignée de brocolis germés a la même teneur en vitamines qu'un brocoli entier.

Marie-Claude Allard, crudivore : « C'est une nourriture aussi qui apporte énormément d'énergie. Dans le fond, c'est une nourriture qui nourrit le corps. Des fois, il faut se poser la question, on mange pourquoi, est-ce qu'on mange dans la vie ou on se nourrit? Ben je mange cru je vais prendre la noix, je vais la manger. Mais elle dort cette noix-là, elle n'est pas vivante, donc ce que ça fait c'est que tu vas la manger, mais ton corps va être obligé de prendre ses enzymes pour la digérer. Elle n'a pas d'enzymes à ce moment-là. »

Le but du crudivorisme, c'est de conserver les enzymes des aliments vivantes. Lorsqu'elles sont toujours vivantes dans la nourriture, la digestion est facilitée. La digestion demande donc moins d'énergie, une énergie qui peut être consacrée à autre chose.

Marguerite Pay travaille chez Crudessence, un restaurant végétalien crudivore. Elle est aussi adepte de l'alimentation vivante et crue. Elle croit que c'est une manière de prendre conscience de sa santé et de son environnement.

Marguerite Pay, crudivore et serveuse chez Crudessence : « Dans le sens que, on essaie de reconscientiser les gens que tous les choix qu'ils font en fait alimentaire peuvent vraiment avoir un impact au niveau de leur énergie et au niveau de leur santé. »

Pour Marguerite et Marie-Claude, l'alimentation vivante a aussi une dimension liée à la spiritualité et au bien-être. En prenant conscience de la vie des aliments, on serait en mesure de dégager soi-même davantage de vie. D'ailleurs, depuis qu'elle est crudivore, Marie-Claude s'entraîne à la course. Et en quatre ans et demi, elle est devenue triple marathonienne.

De plus, comme ces aliments sont extrêmement légers, le corps serait plus ouvert aux émotions.

Marie-Claude Allard : « Le fait d'être vide crée beaucoup d'émotions. Ça laisse les émotions à fleur de peau. Quand on mange et on se bourre, en fait, on engourdit nos émotions. »

Marguerite Pay : « Puis je te dirais que ça te fait poser des questions sur le mode de vie, sur le respect de la planète, donc oui, ça te connecte avec tes profondeurs spirituelles. »

Marie-Claude Allard : « Mais une pousse ou une germination, c'est biogénique, donc ça transgénère [sic] la vie. Donc c'est vivant. Présentement dans l'assiette, on le voit là, il est en train de pousser, il vit là. Donc moi je le mange, je mange la vie. Je mange la vie, je génère la vie. »

Même si certaines recettes végétaliennes crues comme les smoothies sont vantées par plusieurs nutritionnistes, certains autres sont mi-figue, mi-raisin. Une alimentation crudivore bien planifiée qui intègre les nutriments du guide alimentaire canadien est recommandable. Mais les femmes enceintes, qui allaitent ou les personnes en croissance ne devraient pas adopter ce régime alimentaire. L'apport calorique du crudivorisme ne permettrait pas un développement optimal.

Maude L'Écuyer, nutritionniste : « C'est vraiment plus une contre-indication chez les personnes qui doivent consommer suffisamment de calories comme les femmes enceintes, les enfants en croissance, les femmes qui allaitent. À ce moment-là, si on mange crudivore et qu'on ne va pas chercher suffisamment de calories au bout de la journée, là ça devient négatif pour la croissance. »

De plus, les constats sur la cuisson des aliments demeurent mitigés. Selon les crudivores, les glucotoxines émises lors de la cuisson nuiraient à la digestion. Or, selon les nutritionnistes, s'il est vrai que certains aliments perdent une partie de leurs nutriments lors de la cuisson, d'autres aliments sont enrichis lorsqu'ils sont cuits.

Maude L'Écuyer : « La cuisson de certains aliments peut favoriser de la perte de nutriments, comme, par exemple, quand on cuit des légumes à grande eau, on va perdre des vitamines et des minéraux, ça c'est tout à fait vrai. Par contre, le fait de cuire, pour certains nutriments, ça peut permettre d'augmenter la teneur. »

Malgré les différents avis contradictoires, Marie-Claude, elle, continue de faire pousser ses aliments à toutes les semaines. Et elle peut même dire, sans jeu de mots, qu'elle a réellement pris racine de ce nouvel univers alimentaire.

Sophie Marcottte pour La Cité, à Ottawa.

C'est l'heure du dîner pour les élèves de sixième année de l'école élémentaire publique Le Trillium, à Ottawa. Ce qui est tout à fait banal pour la majorité peut s'avérer une véritable épreuve pour un élève comme Thomas. Thomas est sévèrement allergique aux arachides.

Thomas : « Beaucoup de gens mangent des arachides et je ne sais pas quand je peux réagir ou où je vais réagir. »

Une inquiétude que partage son collègue de quatrième année, Makya, qui a lui aussi la même allergie depuis sa naissance.

Makya : « J'ai peur de faire une crise et que personne sait où est mon Epipen. »

Même la directrice de l'école comprend ce qu'ils vivent et ce qu'une allergie alimentaire implique, puisqu'elle-même est allergique aux arachides.

Hedwidge Sully, directrice de l'école élémentaire publique Le Trillium **:** « Parce qu'on sait que lors d'une allergie fatale, chaque seconde compte. »

Heureusement, les garçons ont la chance de fréquenter une école sans noix et arachides. Il s'agit de l'un des éléments qui font partie du plan mis sur pied par le conseil scolaire pour protéger les élèves à risque d'avoir une réaction allergique, les enfants anaphylactiques. Une mesure importante puisque deux enfants sur cent sont allergiques aux arachides.

Hedwidge Sully : « Une des premières choses qu'on fait au niveau de l'allergie, c'est que lors de l'inscription d'un élève, on a une partie où on demande au parent si son enfant a ou non des allergies alimentaires ou autres problèmes médicaux. »

De la formation sur les allergies est offerte au personnel de l'école. La boîte à lunch des enfants est surveillée et le partage de nourriture est interdit. Aussi, le niveau, le nom et la photo des personnes allergiques sont affichés dans les points de rassemblement, comme le gymnase.

La loi qui oblige les écoles de l'Ontario à avoir un plan pour les élèves anaphylactiques et les protéger des allergènes est en vigueur depuis le 1er janvier 2006. C'est d'une utilité cruciale, puisque le nombre d'enfants qui ont des allergies ne cesse d'augmenter.

Entre 1997 et 2008, les cas d'allergies aux arachides et aux noix chez les enfants ont triplé au Canada, ce qui fait qu'en 2013, 300 000 Canadiens âgés de moins de 18 ans [avaient] des allergies alimentaires, selon Anaphylaxie Canada.

Dr Simon Hotte, allergologue-immunologue : « On ne peut pas dire le facteur exactement qui va déclencher une allergie. C'est certain qu'on a… La plupart des gens qui vont développer des allergies ont une certaine prédisposition. Donc il peut y avoir une prédisposition génétique. Soit qu'il y a une histoire d'atopie dans la famille, atopie ça veut dire soit de l'asthme, soit de l'eczéma, soit des allergies. »

La solution d'urgence lors d'une crise : l'auto-injecteur d'épinéphrine, aussi appelé auto-injecteur d'adrénaline. Le médicament redirige le sang vers les organes vitaux. Mais l'effet ne dure que 15 minutes, pour permettre à la personne en crise de se rendre à l'hôpital.

Dr Simon Hotte : « C'est aussi de l'épinéphrine, c'est les mêmes doses… »

On connaît l'auto-injecteur traditionnel Epipen, mais un nouvel auto-injecteur est disponible sur le marché depuis 2 ans, l'Allerject. Celui-ci est beaucoup plus compact et est aussi muni d'un guide vocal.

Guide vocal Allerject : « Pour faire l'injection, placez l'extrémité noire contre le côté extérieur de la cuisse… »

Le guide vocal facilite l'auto-injection, alors que plus de 30 % des patients ont de la difficulté à s'injecter le médicament lorsque survient une crise.

Mise à part l'épinéphrine, il n'existe actuellement aucun traitement pour empêcher une réaction anaphylactique. Par contre, certaines recherches sont en cours.

Dr Simon Hotte : « Donc, entre autres, il y a la désensibilisation qui est étudiée en ce moment. C'est-à-dire de donner l'aliment en très petite quantité, on augmente graduellement la quantité auquel la personne va être exposée, pour l'amener à être tolérant. Il ne semble pas que ça fait disparaître l'allergie, mais ça amène une certaine tolérance. Et c'est potentiellement un traitement qui serait à vie. »

Tant que ces traitements resteront à l'étude, la seule solution est d'éviter tout contact avec l'allergène.

Thomas : « On sait pas s'il y a des arachides ou s'il n'y en a pas. Des fois, ça dit "may contain". »

Makya : « J'aimerais, j'aimerais le plus être pas allergique. Ouais, pas être allergique, parce que c'est stressant un peu. »

Les efforts des écoles pour protéger les élèves anaphylactiques restent tout de même une bonne façon de permettre à des enfants comme Thomas et Makya de croquer dans la vie à pleines dents.

Vicky Lefebvre pour le collège La Cité, à Ottawa.

(Musique)

Animatrice : Bonjour tout le monde!

Raphaël : Salut!

Myriam : Allo!

Jesse : Salut!

Animatrice : Je vais vous demander tout d'abord de vous présenter. Moi je m'appelle Miriam. Je vais être l'animatrice de cette émission capsule ciné pour aujourd'hui. Comment vous appelez vous, un à la fois?

Raphaël : Moi, c'est Raphaël.

Animatrice : Enchantée!

Jesse : Moi, c'est Jesse.

Myriam : Et moi, c'est Myriam.

Animatrice : Parfait. Pour la première capsule ciné d'aujourd'hui, on va découvrir *Les saveurs du palais*. Pour nous en parler, on a Raphaël avec nous. Donc Raphaël qu'as-tu pensé du film *Les saveurs du palais*?

Raphaël : Euh, ben, dans *Les saveurs du palais*, en fait, j'ai trouvé que c'est un film… En fait c'est très bien en ce qui concerne la cuisine finalement. C'est un film vraiment, euh, très très très détaillé en ce qui concerne la passion de la cuisine, la découverte de l'art culinaire, mais de haute classe, de très haut niveau. Donc si vous voulez je peux vous faire un résumé du film aussi, relativement bref, mais justement, donc en fait dans le film on découvre un personnage nommé Hortense Laborie. C'est une femme cuisinière de renom en France. Bon, c'est fictif, mais en France tout de même, qui vient de la région du Périgord. Et euh, dans le film justement, grâce à sa réputation elle attire l'attention du président de la République qui l'invite justement à devenir sa cuisinière personnelle, ou du moins celle qui est en charge de tous les repas personnels du président. Et euh, bon c'est ça, elle plutôt que t'sais, de devoir dépendre des procureurs de l'Élysée, elle se fie à ses contacts, elle va chercher des ingrédients un peu partout pour faire vraiment sa cuisine à elle. Sa cuisine familière, sa cuisine euh, vraiment, avec une touche personnelle. Donc des ingrédients qui coûtent plus cher, des ingrédients qui viennent d'un peu partout, mais qui sont peut-être plus exotiques, mais qui représentent vraiment ce que c'est la cuisine française pour elle. Et justement grâce à son approche quelque peu différente, elle va vraiment aller impressionner le président qui, ben va finalement développer une sorte d'amitié avec Hortense qui quoique bon, une amitié avec le président c'est assez limité si vous voulez, mais dans toutes les interactions quelle a c'est toujours très familier, ce qui est quand même quelque peu différent euh, avec le reste des gens qui interagissent avec le président à l'Élysée. Et c'est dans cette amitié-là qu'on découvre que le président a lui aussi une passion vraiment incroyable pour la cuisine traditionnelle française et ils en parlent tout le temps pis c'est, ils deviennent une sorte de… ils développent une sorte de complicité finalement au cours du film, quoique c'en n'est pas vraiment le centre du film, mais c'en est un morceau important. Et c'est ça, donc dans l'Élysée, quoiqu'elle a une bonne relation avec le président, Hortense se fait quand même mettre des bâtons dans les roues à gauche pis à droite dû à de la rivalité des autres cuisines, dû à une sorte de… à des troubles financiers, etc. Donc il y a des problèmes qui la suivent un peu tout le temps et c'est ce qui la mène un jour à quitter son poste de cuisinière du président.

Donc, ça c'est l'histoire qu'on suit tout le long du film, mais en parallèle on suit aussi l'histoire qu'elle vit au présent, si vous voulez, où est-ce qu'elle est dans une base subantarctique sur les îles Crozet où elle travaille encore une fois en tant que cuisinière. Mais, cette fois-ci, c'est ça, l'environnement de travail est très différent, il n'y a pas vraiment de problématique ou quoi que ce soit. En fait, tout le monde l'aime, tout le monde l'apprécie, il n'y a pas de rivalité, euh, puis elle demeure tout de même très professionnelle et très très très attachée à ses ingrédients spéciaux, à sa méthode, finalement, de cuisine. Puis, c'est ça, on voit un peu les deux histoires se dérouler côte à côte et presque comme si c'était une entrevue, on voit l'histoire de sa vie à l'Élysée se dérouler. Et finalement, lorsque le film se termine on voit, finalement, Hortense qui quitte la base subantarctique pour aller poursuivre un projet de développement de truffière qui serait à elle. C'est un projet qui est mentionné à quelques fois durant le film.

Donc euh, donc voilà, en gros c'est ça le film, puis dans le film, ce qui est intéressant en fait, c'est de voir les deux environnements qui sont un petit peu en contraste l'un avec l'autre, donc son séjour à la base subantarctique et son séjour à l'Élysée. C'est deux environnements très différents dans la mesure où dans l'un, elle est dans un environnement très strict, très, si vous voulez, formel, tandis que dans la base arctique elle est vraiment dans un environnement où tout le monde est familier, tout le monde est relax, tout le monde est à l'aise, et c'est un milieu finalement où elle est capable de réussir, l'Élysée c'est-à-dire. Mais, où tout le monde n'a pas cette même mentalité-là. Tout le monde a une mentalité beaucoup plus professionnelle et on dirait qu'avec le président c'est la seule personne avec qui elle peut vraiment être au naturel et c'est justement, je pense que c'est ça qui développe la force de leur relation durant le film. C'est une sorte de passion, un partage de passion si vous voulez. Et justement, à l'inverse à la base subantarctique on découvre qu'elle a vraiment une familiarité avec tout le monde puis que, il n'y a pas de stress et justement, tout va bien finalement. Et puis, c'est un endroit où elle peut vraiment s'épanouir et pourtant elle quitte quand même pour aller poursuivre encore plus sa passion de cuisine. Donc euh, ben en fait, comme je le disais plus tôt, je pense que c'est un partage solide de la passion de la cuisine. À mon avis, l'histoire est développée un petit peu chaotiquement dans la mesure où il n'y a pas techniquement d'entrevue à la base Crozet, donc on doit prendre pour acquis que c'est des retours en arrière qui nous emmènent à voir son séjour à l'Élysée, mais dans la façon que c'est présenté, c'est un petit peu étrange, quoique ça demeure quand même très fluide. Euh, pis y a certains personnages aussi qui sont un peu négligés, qui jouent un rôle quand même important dans ses mémoires ou dans ses retours sauf que, ils disparaissent un peu, on ne sait pas finalement, il n'y a pas de conclusion, ils sont un petit peu laissés dans un vide, ce qui est un peu dommage à mon avis, parce qu'il y en a qui sont quand même très intéressants. Mais, au final, je pense que c'est un très beau film en fait, qui encourage la poursuite d'un rêve, la poursuite d'une passion malgré les difficultés. Donc, c'est quand même très bien à ce niveau-là et je pense que ça démontre vraiment que malgré tout, il faut juste continuer pis aller atteindre son objectif.

Animatrice : Donc ça finit sur la résilience.

Raphaël : Oui, oui tout à fait.

Animatrice : Pour atteindre le bonheur, on peut dire. Ça nous mène au thème de l'unité 1 du manuel qui s'intitule *La bouffe, en mal et en bien*. Cette unité s'intéresse aux relations avec la nourriture. On se penche sur la vie de gens pour qui la nourriture est à la fois, ben, pour certains c'est une menace, pis pour d'autres c'est une alliée. Donc, dans les deux reportages, dans le premier reportage il y a Vicky Lefebvre, qui est la journaliste, qui explore l'univers d'une école primaire où les arachides sont interdites parce qu'il y a des élèves qui sont allergiques aux arachides. On en apprend sur leur quotidien personnel à eux, quels sont les trucs pour eux pour se protéger de cette allergie-là, c'est-à-dire toujours avoir leur EpiPen avec eux, porter un bracelet qui indique leur allergie. Puis, on explore aussi les mesures de sécurité que l'école a prises pour protéger ces élèves-là comme, par exemple, avoir des écriteaux avec le nom et la photo de chaque élève allergique aux arachides, ou à n'importe quel autre aliment, mais principalement aux arachides. Et aussi, il y a l'interdiction dans toute l'école d'apporter des aliments allergènes dans leur boîte à lunch, ce qui est une mesure assez intéressante puis de plus en plus répandue. Dans le reportage de Sophie Marcotte, on rencontre une femme qui s'appelle Marie-Claude. Elle est crudivore. Donc, pour elle plutôt qu'être un ennemi sa nourriture c'est un allié. Elle nous explique comment manger des aliments crus l'aide à avoir plus d'énergie, à se sentir en meilleure santé. Elle nous explique un peu la science derrière cette alimentation-là et aussi l'aspect plus spirituel de la routine, la cuisine crudivore. On visite aussi un restaurant qui offre des repas crus. Donc, comment est-ce qu'ils font pour offrir un menu varié, quels aliments ils privilégient, etc. Donc, euh, ça me mène à me poser une question pour tout le monde : Quels liens est-ce qu'on fait entre le film *Les saveurs du palais* et les reportages que je viens de vous décrire qui montraient la vie de personnes allergiques et de personnes plus intéressées à l'alimentation crue?

Raphaël : Je veux peut-être commencer rapidement juste pour faire un ajout au résumé de l'histoire. Dans le film, à un certain… il y a une séquence, en fait, assez brève, mais où on découvre que le président a des restrictions alimentaires qui s'imposent. Et il y a une diététicienne qui rentre en jeu et ça fait une sorte de conflit d'intérêts avec la cuisine d'Hortense, qui est très très libre si vous voulez, mais très familière, donc avec des aliments très spécifiques. Sauf qu'ils sont pas, finalement, restrictifs. Donc ils ne font pas vraiment attention au gras, au sel, tant que ça a du goût et que c'est très bon. Donc, il y a le conflit d'intérêts qui entre en jeu, ici, je pense que c'est une chose à ne pas oublier.

Animatrice : Donc, c'est un lien important.

Raphaël : Un lien important voilà finalement, entre le film et la question. Ceci dit vous pouvez, allez-y *(rires)* ne vous gênez pas pour, euh, répondre à…

Jesse : Je pense qu'un élément important de la nourriture et puis de l'alimentation c'est qu'elle doit s'adapter selon les conditions de chaque personne et puis de la société qui change aussi.

Animatrice : Oui si je peux ajouter quelque chose dans le film je trouve intéressant que ce soit une passion pour cette cuisinière-là, c'est quelque chose qui la passionne de cuisiner pour les autres, alors que dans les deux reportages qui sont présentés dans notre unité, on rejoint un peu les besoins essentiels de la vie des gens, c'est-à-dire de se protéger ou de récolter leur énergie et tout ça alors que pour cette cuisinière-là dans le film *Les saveurs du palais*, c'est son activité principale d'offrir la nourriture aux autres. Ça, je trouve ça intéressant. Est-ce que vous, dans vos vies, vous avez déjà été en situation semblable, que l'alimentation soit un ennemi, ou un allié? Est-ce que c'est une passion pour vous de cuisiner?

Myriam : Pour moi c'est les deux. Donc, j'ai déjà travaillé dans des camps de jour pendant cinq ans et donc j'ai déjà été la personne qui devait défendre les besoins et les restrictions alimentaires des enfants. Donc, je peux voir comment ça peut devenir une passion même pour les éducateurs de protéger ces jeunes-là, donc dans le sens de ce côté-là. Puis j'ai aussi une passion pour la cuisine, donc je peux m'identifier au personnage d'Hortense dans le film. Ça m'inspire à aller voir le film. *(Rires)*

Animatrice : Ah oui?

Myriam : Oui!

Animatrice : Qu'est-ce que tu aimes le plus cuisiner?

Myriam : Pour moi c'est les desserts. Lentement, je me rends dans les *cupcakes*, dans les gâteaux… J'aime les choses à la mode, comme les *cakes pop*.

Animatrice : Hum qu'est-ce que c'est un *cake pop*?

Myriam : Donc, un *cake pop* c'est une boule de gâteau avec du glaçage qu'on met sur un bâton et puis on décore le bâton avec d'autres chocolats.

Animatrice : Wow.

Myriam : Et c'est beau.

Animatrice : Ça a l'air vraiment très bon.

Myriam : Oui.

Raphaël : Euh, ben pour ma part j'ai moi aussi été animateur de camps à plusieurs reprises et j'ai beaucoup travaillé avec des jeunes dans les écoles secondaires, etc. Donc, cette sensibilité-là face aux allergies, face aux restrictions alimentaires, c'est quelque chose que je connais très bien et d'autant plus que dans ma famille, mon père a des restrictions alimentaires, ma mère a des restrictions alimentaires, euh, mon beau-frère a des restrictions alimentaires, mes sœurs ont des restrictions alimentaires… Faque, tout ça pris en considération c'est… Je pense que c'est quelque chose qui nous entoure. C'est quelque chose qui est très très très présent dans la communauté. C'est juste que bon, des fois on oublie pis c'est facile de négliger ou de tout simplement ne pas s'en rendre compte. Mais, même si ça semble être beaucoup, si ça semble être beaucoup de choses à prendre en considération, finalement c'est une question d'adaptation. Ça prend un petit peu de temps pis une fois que c'est fini, après ben, on continue et la vie continue voilà.

Animatrice : *(Rires)* Sur cette note, merci beaucoup à tous. On se retrouve dans une autre capsule ciné pour analyser le film *Hippocrate*.

(Musique)

Vivre avec un cœur qui bat au tiers de sa capacité, c'est-à-dire qui pompe 30 % moins de sang à chaque battement, c'est possible?

Jean Coulombe en est la preuve vivante. Sauf que son cœur menace de s'arrêter à tout moment.

Jean Coulombe : « Parce que le muscle du cœur n'est pas assez fort, il est mou. C'est comme une *balloune* qui est restée gonflée trop longtemps et qui ne peut pas revenir à sa forme. »

Francine Besner, femme de Jean : « Des fois, il peut tomber dans le coma à cause que ça vient tellement bas, il vient tout en sueur. Justement, c'est arrivé encore la semaine passée. Ça arrive régulièrement. »

Pourtant, Jean Coulombe est mince, actif et s'alimente bien. S'il a des problèmes de cœur, ce n'est pas à cause de ses mauvaises habitudes de vie. C'est plutôt une question de génétique. Dans sa famille, les problèmes cardiaques sont monnaie courante.

Jean Coulombe : « Côté insuffisance cardiaque, ça vient du côté de ma mère parce qu'il y a plusieurs de ses frères et sœurs qui sont morts relativement jeunes, dans la cinquantaine, d'arrêts cardiaques, des choses comme ça. Côté diabète, ça vient plus du côté de mon père. Alors je suis vraiment le résultat de mes parents. Génétiquement, j'en ai des deux côtés. »

Le fils de Jean, lui, ne s'inquiète pas pour autant.

Benoît Besner, fils de Jean : « Tu sais que c'est comme dans toi et que t'es à risque, mais tu peux pas t'arrêter de vivre pour ça. Ce serait plate si ça arrivait, c'est sûr, comme j'veux pas que ça m'arrive, mais en même temps, comme tu peux pas arrêter de vivre ta vie comme tu veux à cause de ça. »

Plusieurs se doutaient, mais sans en être sûrs, que certaines maladies du cœur pouvaient être génétiques.

Or au début du mois de décembre, un groupe de chercheurs, dont deux provenant de l'Institut de cardiologie de l'Université d'Ottawa, l'a confirmé. Ils ont comparé des échantillons sanguins de centaines de milliers de patients qui sont atteints d'une maladie cardiaque avec d'autres qui ne le sont pas. Les gènes peuvent effectivement être responsables des maladies cardiaques.

Alexandre Stewart, chercheur à l'Institut de cardiologie de l'Université d'Ottawa : « Il y a des chances qu'on soit à un risque plus élevé si on a une histoire familiale de maladies ou de facteurs comme ça, mais souvent, dans les familles, on mange la même chose alors il y a aussi des facteurs environnementaux. »

Ce qui pourrait sauver Jean, ce sont les défibrillateurs. Il envisage d'ailleurs de s'en procurer un pour la maison.

Jean Coulombe : « Est-ce que je devrais attendre d'avoir un arrêt cardiaque pis dire ben il n'y a personne qui m'en a amené un ou je dis ben soyons proactifs et voir si justement, il y a moyen d'en avoir un et l'amener ici pour que si ça se passe, c'est comme la ceinture de sécurité, si ça passe je vais avoir ce qu'il faut à ce moment-là. »

Alexandre Stewart : « Certainement que quand le muscle cardiaque cesse de contracter, le sang ne se rend plus au cerveau et c'est essentiel de pouvoir recommencer le battement cardiaque pour rétablir la circulation. »

Mathieu Fleury, conseiller à la Ville d'Ottawa : « On se questionne pas à savoir c'est quoi cette petite boîte-là, elle est là. C'est un petit bidule vert qui est à l'intérieur. Il ne faut pas être intimidé si jamais il y a une situation. On peut l'installer, le mettre en fonction. »

Mais l'acquisition d'un tel appareil ne mettra pas Jean à l'abri d'un malaise comme il a vécu il y a deux ans. Au Jour de l'An 2010, sa femme a dû le transporter d'urgence à l'hôpital, le pire aurait pu arriver.

Jean Coulombe : « Ça m'est arrivé d'être à l'hôpital le 30 décembre dans les soins intensifs et de ne pas savoir si j'étais pour voir la nouvelle année, deux jours plus tard. Donc, oui mon cœur va me causer des problèmes et m'en a déjà causé. »

Malgré ses problèmes cardiaques, Jean garde le moral et espère avoir de nombreuses histoires à raconter à ses futurs petits-enfants.

Meghann Dionne, La Cité collégiale, Ottawa.

Olivier Dupré, joueur de hockey : « J'ai l'impression que quand je me suis fait frapper, j'ai l'impression d'avoir perdu comme un petit moment, comme je me suis fait frapper pis je me rappelle juste d'être assis à terre sur la glace. »

Olivier Dupré se remet lentement de la commotion cérébrale qu'il a subie en novembre dernier, lors d'un match de hockey de catégorie *midget*.

Il s'agissait d'une première blessure du genre pour le jeune hockeyeur.
Un événement qu'il n'est pas près d'oublier…

Olivier Dupré : « Je reculais vers ma zone, puis il y a quelqu'un qui s'en venait avec la rondelle, il m'a frappé en arrière de la tête sans que je le voie, donc je ne me suis pas défendu. Je n'ai pas pu me défendre, me protéger dans le fond. Je suis tombé sur la glace, j'ai comme fait un *flip*, je suis tombé sur la glace. Je suis resté un petit peu sur la glace, je me suis relevé pis je suis allé au banc. »

Trois semaines après l'événement, Olivier a pu reprendre ses activités quotidiennes.
Il a pu chausser ses patins avec ses coéquipiers et il a repris graduellement l'école, mais le retour a été pénible.

Olivier Dupré : « Définitivement que ça été plus dur quand je suis retourné à l'école, parce que j'ai manqué premièrement une semaine d'école, j'ai manqué des examens, tout ça, donc quand je suis revenu à l'école j'ai *rushé*. J'ai manqué une semaine de cégep, j'ai manqué des examens, j'ai manqué beaucoup de choses. Donc il a fallu, une journée que j'avais *mettons* de 8 h à 18 h, ben c'était vraiment de 8 h à 18 h pas de pause, parce que pendant mes pauses, j'allais voir mes professeurs. »

Olivier est loin d'être le seul jeune à avoir subi une commotion cérébrale.

Dans la Ligue junior majeur du Québec, l'un des plus hauts niveaux de jeu au hockey, le taux de commotion cérébrale est 5,8 par tranche de 100 joueurs. Près de 6 % des joueurs en sont donc victimes. Les spécialistes s'entendent d'ailleurs pour dire que plus le niveau de jeu est élevé, plus le risque de commotion cérébrale est grand. Or, la vitesse et la robustesse au hockey junior ne cessent d'augmenter.

Derek Sheppard et Jake Coughler des Olympiques de Gatineau ont été victimes de commotions cérébrales cette saison. Derek en a même subi deux.

Derek Sheppard, joueur des Olympiques de Gatineau [Traduction] : « J'ai subi ma première commotion dans une pratique avec l'équipe. Je me suis fait frapper par mon propre coéquipier. Ma deuxième commotion est survenue à la suite d'une mise en échec légal. J'étais mal positionné, c'est ma tête qui a absorbé [le choc]. »

Chaque cas de commotion cérébrale est différent. Chaque athlète a aussi des symptômes différents. Parmi les symptômes immédiats les plus fréquents, on retrouve la confusion, les étourdissements, l'amnésie, les bourdonnements d'oreilles et les maux de tête. Mais il en existe d'autres.

Jake Coughler, joueur des Olympiques de Gatineau [Traduction] : « J'étais très sensible à la lumière et j'avais beaucoup de maux de tête. J'ai passé beaucoup de temps dans une chambre noire, c'était frustrant. »

Jake Coughler [Traduction] : « C'était frustrant de voir mes coéquipiers sur la patinoire et de ne pas pouvoir jouer. J'ai manqué un voyage avec l'équipe, je suis très déçu. »

Que ça soit lors de chutes, de bagarres ou de simples accidents, pratiquer les sports de contact comporte des risques. Et bien souvent, c'est la tête qui payera le prix.

Lorsqu'une personne subit une commotion cérébrale, son cerveau est ébranlé. L'organe le plus complexe chez l'être humain se déplace ou est secoué à l'intérieur du crâne. Il en résulte un mauvais fonctionnement des cellules cérébrales et des troubles transitoires des fonctions cérébrales. Bref, le cerveau est dans tous ses états.

Fanny Guérin, neuropsychologue : « C'est ce choc-là sur la paroi, et souvent les rotations aussi qui sont assez difficiles à prévenir, du cerveau, parce qu'il y a des fibres nerveuses, donc on va comme *twister* les fibres nerveuses dans la boîte crânienne. »

Au fil des années, les spécialistes ont démontré que les commotions peuvent avoir des effets à long terme sur le cerveau.

Fanny Guérin : « Les manifestations sont effectivement la dépression, des problèmes de comportement, d'irritabilité, des problèmes de mémoire, des problèmes d'attention. Et ça va en se dégradant, ça va pas en s'améliorant. »

Mais ce n'est pas là le plus gros problème. Les athlètes veulent souvent revenir au jeu trop rapidement, et c'est là que ça devient plus dangereux.

Fanny Guérin : « J'ai rarement vu un athlète qui ne veut pas retourner rapidement à son sport. Donc je dirais le plus grand impact, c'est ça. C'est de dire non, je n'ai pas de symptômes, et de retourner et d'en faire une autre, et là les problèmes empirent et c'est ce qu'on veut surtout éviter. »

Olivier, lui, a pris son temps avant de revenir au jeu. Il a suivi les directives de son médecin et son retour a été un succès.

Olivier Dupré : « Ça s'est bien passé quand même, j'ai joué une bonne partie. Au début de la *game*, c'était un peu plus difficile, je sentais qu'il fallait que je reprenne un peu mon *momentum*, mon synchronisme, et tout ça. Plus que la *game* avançait, plus que j'étais à l'aise sur la patinoire. »

À moins d'éliminer les mises en échec au hockey, tout indique que sera très difficile de réduire le nombre de commotions cérébrales. Le jeu est de plus en plus rapide et l'équipement de protection a ses limites. Mais il faudra bien trouver une façon de protéger les joueurs.

Andy St-André, La Cité, Gatineau.

Trancription « À l'affiche »
Quartet discute *Hippocrate*

(Musique)

Animatrice : Bonjour à tous. Aujourd'hui pour notre capsule ciné, nous découvrons *Hippocrate*. Pour nous en parler aujourd'hui nous avons Myriam. Bonjour Myriam.

Myriam : Bonjour!

Animatrice : Donc, peux-tu nous résumer, euh, brièvement le film *Hippocrate*?

Myriam : Oui, donc *Hippocrate* c'est un film en France. Donc, euh, on est dans un milieu hospitalier où on rencontre Benjamin Barois, et puis, il est le nouvel interne à Widal deux. Alors il arrive, il est dans, dans le fond, l'unité où son père travaille et où il est le directeur et puis il doit arriver à faire comme s'il était un docteur. Donc il arrive, il a dix-huit patients, il doit commencer à les soigner tout de suite et puis ça se passe pas super bien dès le début. Donc, il doit gérer toutes les choses comme bon, soigner les clients, dormir, faire des prescriptions, dans le fond tout ce qui entoure la vie dans l'hôpital. Donc, on voit vraiment l'arrière-scène euh, pour moi quelque chose que j'ai pas vu avant dans des films, donc c'est assez intéressant. On voit les internes ensemble qui fêtent le soir, euh on voit les premiers décès des patients de Benjamin et puis, vraiment intéressant, on a des histoires parallèles avec certains patients. Il y a une vieille dame qui meurt, etc. Mais, finalement, on voit l'évolution de Benjamin avec le fait de devenir un nouvel interne et puis faire l'apprentissage de, bon qu'est-ce que c'est la carrière d'être médecin et puis, enfin, découvrir sa passion. Donc, au début on n'est pas trop sûrs pourquoi il est là, mais à la fin, après un accident d'auto, euh, il devient lui-même patient et il découvre vraiment c'est quoi être un médecin. Donc, on apprend un peu à propos de lui. C'est un film qui est très beau visuellement. On voit, bon c'est pas trop graphique, quelques scènes médicales, mais rien pour trop choquer. Et puis on voit vraiment la collégialité entre les jeunes. Donc, c'est vraiment intéressant, et puis c'est pas trop sombre, pour un film qui est à l'hôpital. On a beaucoup de moments drôles, heureux, donc ça vient balancer le tout qui est assez plaisant. Et puis, bon là on voit quand même qu'il y a des tensions avec les collègues, donc c'est intéressant à voir l'évolution des relations. Donc, c'est pas… c'est pas froid, comme film. Donc, il y a beaucoup de chaleur dans tout ça.

Animatrice : Super, donc ça m'a l'air d'être un film très intéressant. Tu dis que t'as appris beaucoup euh, t'en as appris sur le système de santé français, j'imagine. *(Myriam acquiesce)* On n'est pas familier avec ça. Quelles ont été tes impressions en général sur le film?

Myriam : Moi, j'ai bien aimé. C'était pas ce à quoi je m'attendais, mais j'ai bien aimé voir, un peu comme dans le *Downtown Abbey*, l'arrière-scène de qui se passe en arrière, moi j'adore ça. Donc, j'aimais voir, t'sais, les fiches qui arrivaient des patients pis ils lisaient à travers ça euh, t'sais OK, il a des coupures avec le matériel pis il faut qu'il gère cette situation-là. J'aimais ça voir cet aspect-là que bon, nous on entre dans les hôpitaux puis on se fait soigner, mais on pense peut-être pas à tout ce qui se passe en arrière, au fait que ce gars-là il travaille peut-être 48 heures de suite, au fait que t'sais, ils l'appellent au milieu de la nuit pis il faut qu'il se lève, il faut qu'il aille travailler. Donc toutes ces réalités-là auxquelles j'avais pas pensé, euh, c'est vraiment intéressant à voir. Euh, surtout que, bon, le personnage a 23 ans, j'en ai 22, donc on peut quand même comprendre que : « Oh mon Dieu, ce gars-là est en train de soigner des patients, de, t'sais comme, gérer des vies ». Il y a des questions éthiques intéressantes aussi dans ce film-là, euh t'sais on voit vraiment le déchirement entre certaines façons d'agir, et puis moi je me verrais pas, aucunement, faire ça en ce moment. Donc, c'est quand même vraiment intéressant.

Animatrice : C'est beaucoup de pression pour un jeune qui sort de l'école.

Myriam : Pis on voit ça vraiment surtout avec le fait que son père travaille là. Puis bon, il y a quand même un petit côté où que son père le protège, mais là, bon, il veut s'assumer comme docteur et non comme fils du médecin. Donc, il y a tout cet aspect-là du film qui est intéressant aussi.

Animatrice : Wow! Oui, ça m'a l'air super intéressant. Ça nous mène à, euh, parler de notre unité en particulier qui s'appelle *SOS la science au service*. Dans notre unité, on aborde le thème de la science qui vient à l'aide des gens pour mieux vivre avec leur condition de santé. On apprend aussi à comprendre ces conditions de santé là plus en détail. Dans le reportage de Meghann Dionne, on rencontre Jean, qui a une condition cardiaque assez grave. On explore son quotidien, ses peurs, euh, les causes de sa condition cardiaque… On apprend aussi un peu plus à propos des technologies qui aident à améliorer sa vie. Donc, il a plusieurs machines un peu compliquées à utiliser s'il veut avoir un quotidien plus semblable au nôtre. Dans le reportage d'Andy St-André, on rencontre Olivier, qui a subi une commotion cérébrale en jouant au hockey. Dans ce reportage-là on explore les conséquences de cette commotion cérébrale là, quel a été son cheminement depuis la commotion cérébrale pour regagner un mode de vie normal pour un jeune de son âge. On se penche aussi un peu sur l'ampleur du phénomène des commotions cérébrales chez les joueurs de hockey. Euh, c'est beaucoup plus répandu qu'on le pense. Donc, on a aussi des témoignages d'autres joueurs de hockey qui racontent comment c'est arrivé et qu'est-ce qu'ils ont subi par rapport à cette commotion-là. Puis, on a une spécialiste qui nous parle des explications plus scientifiques derrière la commotion cérébrale. Donc, Jean et Olivier ont vraiment besoin de la science pour continuer à vivre leur quotidien. Ils comptent là-dessus pour vivre de façon heureuse. J'aimerais savoir : croyez-vous qu'aborder le sujet du système de santé dans Hippocrate, c'est réaliste, quand on pense à la situation de Jean et Olivier qui ont recours au système de santé régulièrement pour pouvoir continuer à vivre une vie normale?

Myriam : Oui, je vais commencer. Juste pour vous expliquer aussi, dans le film il y a quand même une vieille dame qui a besoin, dans le fond, de la morphine pour continuer à vivre. Euh, pis ça, c'est un gros débat dans l'hôpital au sein du personnel, parce qu'il y en a qui disent que bon, il faudrait la rééduquer pour ensuite l'envoyer pour qu'elle recommence à marcher et puis d'autres, qui ont pitié d'elle, et puis qui veulent juste la garder sur la morphine pour qu'elle puisse juste bien vivre ses derniers jours. Donc c'est un gros débat aussi avec les coupures du budget, bon quel genre de traitement est-ce qu'on fait, qu'est-ce qui est plus cher, moins cher... Donc, on peut quand même voir que bon, cette dame a besoin du système de santé, mais on voit à quel point c'est difficile pour eux de prendre cette décision-là en équipe pour vous. Qu'est-ce qui est bien pour elle, pour sa famille, donc il y a quand même un déchirement dans tout ça.

Animatrice : Donc, cette dame-là est clairement, a clairement besoin du système de santé pour continuer à vivre, mais à quel prix hein?

Myriam : Exactement.

Animatrice : Oui, intéressant.

Raphaël : Et euh *(tousse)* pour un retour sur ta question, je pense que c'est très très réaliste, en fait, de mentionner le système de santé et, justement, de la façon que c'est mentionné par Myriam, euh, de voir tous les « non vus » finalement. De voir à quel point ça peut être difficile de faire des décisions, de voir à quel point il y a beaucoup de choses qui peuvent échapper au reste du monde autour de victimes de commotion cérébrale ou de problèmes cardiaques et/ou autres. Euh, je pense que c'est très réaliste, même pertinent de le faire. Tout simplement parce que c'est une situation très réelle et qui nous entoure tous et qui nous touche à certains degrés. Donc, euh, non c'est ça, je pense que c'est bel et bien très réaliste.

Jesse : Oui, puis ça nous amène à réfléchir sur le rôle des médecins dans la société. Puis il faut pas oublier que les médecins, c'est pas juste des médecins, c'est aussi des travailleurs sociaux [sic] *(l'animatrice approuve)* donc euh, c'est du monde qui doivent prendre une décision difficile des fois, puis des fois la réponse est pas vraiment évidente, puis ça prend toute une équipe pour vraiment discuter des enjeux pis des effets que ça va avoir donc, il ne faut pas oublier cet aspect-là.

Animatrice : Croyez-vous que c'est facile pour un médecin de retourner chez lui pis continuer sa vie après une journée de travail?

Jesse : Je pense, je pense qu'il doit apprendre à laisser de côté ce qui est arrivé pendant la journée pis à vraiment séparer sa vie personnelle pis sa vie au travail.

Myriam : Je sais que dans le film on a une bonne représentation de cette situation où Benjamin retourne chez lui, ou enfin en résidence, et puis il dort pas le soir. On le voit qui pense, qui appelle sa mère, t'sais euh, il y a encore cet apprentissage-là au début de, oui faire la différence entre le personnel et le professionnel. Mais veut, veut pas, c'est une situation qui le dérange. Euh, il y a même de ses collègues qui va aller cogner à leur porte lorsqu'ils dorment le soir pour qu'ils viennent l'aider. Donc, on voit que oui, au moins il y a une solidarité dans l'équipe, mais que finalement, ce sont des humains pis leur passion, bon, c'est d'aider les gens pis qu'ils vont faire tout ce qu'ils peuvent pour aider les gens, ce que je trouve absolument magnifique. C'est une belle représentation de la carrière, mais en même temps ça montre quand même une difficulté énorme. Il y a un moment dans le film où que c'est l'Halloween. Tout le monde fête, mais Benjamin est là, un peu morose, et puis, euh, dans le fond, il est pas capable de fêter, parce qu'une de ses patientes, euh, elle est en train de mourir ou, en tout cas, elle est en réanimation. Donc, on peut voir comment ça peut être difficile, même d'apprécier les choses de la vie lorsqu'on a des choses qui nous tracassent au travail.

Animatrice : On dirait qu'il se laisse envahir *(Myriam acquiesce)* par tous ces enjeux-là au travail?

Myriam : Oui, une difficulté de gérer un peu tout ça. Donc, après la mort de son premier patient où, finalement, il a fait une erreur médicale, il a de la difficulté à passer par-dessus ça, euh, avec raison. Mais bon, avec le temps, il est capable de… de procéder à ça, à aller par-dessus, pour mieux traiter ceux qui lui restent, dans le fond, oui.

Animatrice : Puis j'aimerais savoir, est-ce que vous, dans votre vie, à peut-être à moindre échelle parce qu'on n'est pas médecin personne, est-ce que vous, ça arrive, que vous traîniez un peu vos problèmes ou vos difficultés au travail ou à l'école avec vous à la maison?

Raphaël : Bien, pour ma part, je dirais que je l'ai déjà fait, oui, ça m'arrive encore. C'est quelque chose qui est très difficile à ne pas faire, en fait, parce que c'est, c'est comme dire : « Je me frappe le coude, j'ai un bleu, mais je vais faire comme si de rien n'était et je vais me servir de mon coude de la même façon après sans faire attention. » Ce qui n'est pas vrai, finalement, donc c'est comme dire que j'ai un bleu à mes émotions. Je me suis fait mal, je me suis fait faire mal par quelqu'un verbalement, peu importe. Donc, c'est très difficile de laisser de côté quelque chose comme ça parce que ça laisse une marque qui va partir ou qui reste, ça dépend des moments. Mais, je pense que c'est humain tout simplement, de le faire pis de traîner des choses comme ça avec soi. Sauf que, apprendre à moins le faire, ou du moins à ne pas laisser influencer notre vie, nécessairement, par ces petites choses-là, ça se fait, c'est juste que c'est très difficile. C'est quelque chose qui s'apprend, je pense, au cours d'une vie. Voilà.

Myriam : Je suis d'accord, oui.

Jesse : Moi aussi.

Animatrice : Donc, on espère que Benjamin va finir par apprendre à laisser les patients à l'hôpital lorsqu'il dort chez lui.

Myriam : Je vous confirme. *(Rires)* À la fin, c'est beau de le voir euh, finalement après son accident il se fait transférer. Euh, il continue son internat ailleurs et puis il est capable d'accomplir des procédures médicales qu'il était pas capable au début du film. Donc c'est juste beau. On est comme fier de lui à la fin qu'il ait retrouvé sa passion pour ce qu'il était plus sûr d'aimer. Donc, on voit que, finalement, bon il est à la bonne place pis on se sent bien de le laisser là. Donc on est correct avec la fin du film. On est comme : « OK, lui il est beau, il est casé » donc euh, c'est le fun à voir.

Animatrice : Si je peux faire un petit lien avec les reportages de cette unité-là, c'est intéressant parce que dans le cas autant d'Olivier que de Jean, ce sont deux personnes qui doivent vivre avec un problème de santé quand même important, mais qui continuent de vivre normalement le plus possible, avec leur famille, leurs amis… Donc, c'est un lien que je trouve intéressant à faire que le temps, pis les efforts, pis la passion, ça mène à une vie, peut-être heureuse. Donc, merci à tous, on se retrouve pour une autre capsule.

Raphaël : Parfait.

Jesse : Merci.

UNITÉ 3
TRANSCRIPTION DOCUMENT DVD
« UN CHOIX IMPORTANT », PAGE 58
PAR MARIO DE CICCIO – LA CITÉ COLLÉGIALE, NORTH BAY

Quand vient la 12e année, vient aussi le temps de faire plusieurs choix pour les étudiants des écoles secondaires en Ontario.

Au cours de l'année scolaire, les jeunes adultes doivent se choisir un collège ou une université. Un choix qui aura des répercussions sur leur avenir.

Chantal Piché Rota, conseillère en orientation : « C'est une grosse étape pour eux de penser qu'ils vont terminer leurs études de la façon qu'ils l'ont connue depuis qu'ils sont petits et puis de penser à la prochaine étape, je pense que c'est l'inconnu qui cause le stress. »

Mais ici à l'École secondaire catholique Algonquin, comme pour chaque école secondaire francophone en Ontario, la décision s'annonce un peu plus difficile pour certains élèves. Selon l'« Étude des écarts » publiée par le ministère de la Formation et des Collèges et Universités en 2008, seulement 22 % des programmes postsecondaires seraient disponibles en français. Comme ils n'ont pas beaucoup de choix, plusieurs élèves comme Céline ou Dominique qui veulent étudier en biologie pure et en ingénierie chimique décident de poursuivre leurs études en anglais.

Céline St-Pierre, étudiante en 12e année : « Je prévois rester en Ontario et la réalité demeure que l'anglophone c'est la langue en Ontario bien que le français va être un grand avantage. »

Dominique Gauthier, étudiante en 12e année : « Quand je vais être sur le marché du travail tous les termes vont être en anglais donc pourquoi faire mon éducation en français, plus tard je vais devoir connaître les termes en anglais. »

Mais, elles ne sont pas les seules à penser ainsi. Selon la même étude, plus de 78 % des étudiants franco-ontariens qui poursuivent au postsecondaire choisissent l'anglais. Les autres doivent souvent s'éloigner de chez eux pour rejoindre l'une des onze institutions qui offrent des programmes en français.

Chantal Piché Rota : « Il y a plusieurs facteurs qui entrent en jeu, comme de raison, et inclus programme, situation financière qui peut peut-être limiter l'élève qui voudrait quitter les lieux, mais qui ne le peut pas. »

Il n'y a pas si longtemps une bourse était disponible pour les étudiants franco-ontariens qui désiraient poursuivre leurs études en français en Ontario. Cependant, le gouvernement de l'Ontario a décidé au printemps dernier d'abolir cette bourse, ce qui n'a pas plu à la communauté franco-ontarienne.

Geneviève Latour, coprésidente Regroupement étudiant franco-ontarien : « Mais dans le fond, le gouvernement a discrètement enlevé la bourse des bourses qui étaient offertes sans faire d'annonce. Alors, nous, on l'a découvert et tout de suite on s'est dit c'est inacceptable, on ne peut pas couper une bourse comme ça. Le gouvernement était dans une lancée où il a coupé plusieurs bourses. »

Si le gouvernement a aboli cette bourse, c'était pour épargner de l'argent et offrir une réduction de 30 % des frais de scolarité à davantage d'étudiants en Ontario. Mais le fait d'avoir cette réduction-là, ce n'est pas ce qui va nécessairement inciter les Franco-Ontariens à étudier en français.

Myriam Faucher, étudiante en 12e année : « Je trouve ça vraiment dommage parce que je pense qu'on a vraiment besoin d'inciter les jeunes à continuer à faire leurs études postsecondaires en français. Moi-même, mon choix numéro un en ce moment, c'est l'Université d'Ottawa, en français, principalement parce que j'aime beaucoup ma langue maternelle. »

Geneviève Latour : « Donc, je pense que c'était un incitatif, c'était symbolique, c'était un engagement du gouvernement qui disait que c'était important les études postsecondaires en français et je pense qu'on a besoin un peu d'une motivation souvent, ou au moins une reconnaissance que c'est important. »

Pendant l'été, le Regroupement des étudiants franco-ontariens, le RÉFO, a réussi à réunir des milliers de signatures sur une pétition pour ramener la bourse. Le gouvernement n'a pas bougé, mais il s'est dit ouvert à un compromis et à modifier certaines bourses pour avantager les Franco-Ontariens.

Geneviève Latour : « Le gouvernement a un rôle à jouer quand ça vient à motiver les étudiants à continuer en français. »

Céline St-Pierre : « C'est un grand avantage, je crois, de pouvoir parler les deux langues puisqu'en Ontario nous avons les francophones et c'est une langue à retenir. »

Myriam Faucher : « C'est tellement facile de perdre le français lorsque tu es dans une communauté beaucoup plus anglophone. Donc, pouvoir faire ses études en français et vraiment continuer à travailler en français dans le futur c'est beau parce qu'on est capable de continuer la langue et de l'apporter dans les prochaines générations. »

Avec ou sans bourse, en français ou en anglais, il y a quand même des étudiants franco-ontariens qui garderont vivante la langue de Molière quand ils partiront pour l'Université.

Mario De Ciccio, La Cité collégiale, North Bay.

Jean-Marc Dufresne, animateur : « Quatorze heures, c'est précis, bon après-midi, ici Jean-Marc Dufresne. »

C'est dans le but de servir la communauté francophone d'Ottawa qu'Unique FM a vu le jour. Autant à la radio qu'à la télévision et dans les journaux. Tous les médias ont à cœur la situation des francophones dans un contexte minoritaire. En Ontario, les francophones représentent 4,8 % de la population, la même proportion qu'en 2006.

Jean Gagnon, rédacteur en chef, *LeDroit* : « Ils s'attendent à ce qu'on soit toujours aux premières loges des combats pour la préservation de la langue française. »

Marco Dubé, directeur général, Services français, ICI Ottawa-Gatineau : « Je pense que les francophones ont démontré depuis 400 ans, non seulement qu'ils peuvent survivre, mais qu'ils peuvent s'épanouir, se développer et la francophonie, aujourd'hui, présentement en Ontario, à Ottawa, dans l'Est ontarien, elle dispose d'outils comme elle n'en a jamais eu dans le passé. »

Véronique Soucy, directrice générale, Unique FM : « T'sé un francophone, y'a quelque chose dans sa culture, y'a quelque chose dans son passé, dans son histoire. Si tu fais toujours référence à ça, ça vient les chercher. »

Véronique Soucy : « C'est une radio pour les Franco-Ontariens, par des Franco-Ontariens. »

En ondes depuis 2010, Unique FM a dû faire sa place parmi les joueurs radiophoniques de la région de la capitale nationale.

Véronique Soucy : « On change les habitudes d'écoute. Les Franco-Ontariens aiment ça écouter souvent la radio en anglais. Et puis, nos compétiteurs sont souvent les anglophones plus que les radios du Québec. »

La directrice générale croit que la station apporte un plus à la communauté francophone.

Véronique Soucy : « Enfin y'a une radio qui me parle, enfin y'a une radio qui me parle de ma "Franco-Ontarie", enfin y'a une radio qui fait référence à des trucs qui se passent dans la communauté en français. »

Jean Gagnon : « Mais moi j'aimerais ça là, austérité là, t'sé que tu m'pognes quelque chose, j'sais pas quoi pis que tu y mettes une ceinture autour... »

Selon Jean Gagnon, rédacteur en chef au quotidien *LeDroit*, le journal est vital pour la survie de la culture francophone.

Jean Gagnon : « J'ai toujours prétendu que sans *LeDroit*, sans l'existence du journal *LeDroit*, la vitalité de la culture francophone, en Ontario, à Ottawa, plus particulièrement dans la région de la capitale nationale, serait pas la même. »

Le journal *LeDroit*, qui a fêté ses 100 ans d'existence l'an dernier, a d'ailleurs vu le jour à la suite de l'adoption du règlement 17, interdisant l'usage du français comme langue d'enseignement en Ontario. Le journal est donc là aussi pour défendre les francophones.

Jean Gagnon : « Trop souvent, les francophones de la région ici, de façon générale, que ce soit à Gatineau ou à Ottawa, acceptent des situations qui sont peut-être inacceptables, on doit nous les décrier. »

Marco Dubé est directeur général des Services français à ICI Ottawa-Gatineau. Les compressions des dernières années infligées au diffuseur public amènent la station à se renouveler, mais ça ne devrait pas toucher les services aux francophones.

Marco Dubé : « Évidemment les compressions nous ont touchés. Y'a des choses qu'on doit faire différemment, y'a des émissions réseau qu'on ne fait plus ou qu'on fait différemment ou en moins grand nombre, et ça ça a touché les gens à Ottawa. »

De son côté, le journal *Le Reflet News*, à Embrun, fait face à une réalité plutôt étonnante. Pour répondre le plus fidèlement possible à la demande, la direction a dû intégrer des articles en anglais dans son quotidien francophone. Les changements démographiques expliquent cette décision.

François Legault, directeur de l'information, *Le Reflet* : « C'est pas facile parce que y'a des changements au niveau démographique, et puis, la population change, la langue de la population change, mais c'est une situation maintenant avec laquelle on doit composer. »

Michel Picard : « C'est ce genre d'exemple qu'on doit donner, c'est-à-dire ça… »

Une étude de 2011 réalisée par l'Alliance des médias minoritaires auprès de 7 500 résidents francophones hors Québec démontre que 23 % d'entre eux lisent uniquement les journaux francophones. Quarante-quatre pour cent disent écouter la radio francophone et 30 % regardent la télévision en français. On constate donc que la majorité des francophones hors Québec lisent les journaux, écoutent la radio et regardent la télé en anglais.

Véronique Soucy : « C'est pas facile, y'a certains défis, mais par contre on sent que c'est nécessaire d'avoir les médias francophones en milieu minoritaire. »

Tout ça dans un contexte où l'assiette publicitaire est de plus en plus mince.

Jean Gagnon : « La chute des revenus publicitaires. Et tout passe par là, pour tous les médias y compris *LeDroit*, la chute des revenus publicitaires qui était prévisible avec l'arrivée des nouvelles technologies. »

Marco Dubé : « Le marché de la publicité qui est en train évidemment de se transformer et ça ça a un impact pour tout le monde. »

Véronique Soucy : « La publicité, les gens vont se tourner vers Facebook, vont se tourner vers les réseaux sociaux. »

Marco Dubé : « La manière dont les gens consomment les médias change. »
Et comment les médias de langue française entrevoient-ils l'avenir? Leur survie passe probablement par le numérique.

Jean Gagnon : Le journal *LeDroit* va être appelé à se redéfinir dans les prochaines années.

Marco Dubé : « Nous notre rôle c'est de demeurer dans ces communautés-là et d'être le plus pertinent possible avec les moyens qu'on a. »

François Legault : « On se doit d'avoir une présence électronique de plus en plus forte. Est-ce que le journal papier va continuer d'exister, je le sais pas. »

Véronique Soucy : « Moi je vois un avenir prometteur, je vois un avenir qui, je pense qu'Unique FM est en train de s'installer. »

La chute des revenus publicitaires, l'arrivée des médias sociaux et la présence anglophone jouent un rôle certain dans l'avenir des médias tels que nous les connaissons. Ils seront appelés à se réinventer pour satisfaire la clientèle francophone qui leur est si chère.

Sébastien St-Onge, La Cité, à Ottawa.

TRANSCRIPTION « À L'AFFICHE »
QUARTET DISCUTE *LA GRANDE SÉDUCTION*

(Musique)

Animatrice : Notre capsule ciné aujourd'hui nous fait découvrir *La Grande Séduction*. Pour nous en parler, on a Jesse avec nous. Bonjour Jesse.

Jesse : Salut!

Animatrice : Donc, raconte-nous ce que c'est *La Grande Séduction*.

Jesse : *La Grande Séduction* c'est un film québécois que j'ai vraiment aimé, que j'ai trouvé quand même assez drôle. J'ai ri souvent dans le film euh, il y a quand même des blagues un peu quétaines, un peu…, mais c'est quand même drôle. C'est l'histoire d'un village qui s'appelle Sainte-Marie-La-Mauderne. « Mauderne » qui s'épelle « M-a-u-d-e-r-n-e ».

Animatrice : Très moderne.

Jesse : Oui, très moderne. *(Rires)* Pis c'est un village qui vit des problèmes économiques avec un taux de chômage quand même élevé et il essaie de trouver des emplois pour leurs résidents, pour leurs citoyens, pour qu'ils puissent rester dans le village. Pour pas qu'ils aillent ailleurs dans la province pour travailler. C'est, on parle de Montréal souvent, mais on dit souvent « la ville » « aller en ville », « aller travailler en ville », mais on s'entend que c'est Montréal. Donc, pour faire ceci, ils essaient de convaincre une entreprise d'installer, de construire une usine dans leur village pour donner des emplois. Mais, cette entreprise veut pas le faire si le village n'a pas de médecin de famille permanent. Faque les citoyens de Sainte-Marie-La-Mauderne envoient une lettre à tous les médecins du Québec, dans la province, expliquant c'est quoi les côtés positifs de vivre à Sainte-Marie-La-Mauderne. Pourquoi c'est une belle ville, un beau village et pourquoi les citoyens, ça ferait des bons voisins? *(Rires)* Euh, il y en a zéro qui répond *(rires)*. Il y en a pas un seul qui répond aux chers citoyens de Sainte-Marie-La-Mauderne et euh, donc ça continue. C'est continu, il y a plusieurs personnes qui quittent le village, qui vont travailler ailleurs… Le maire du village s'en va à Montréal pour devenir policier. Donc, ils perdent leur maire et le maire du village, étant policier à Montréal, arrête quelqu'un sur le bord de l'autoroute et découvre la drogue dans la valise de son, de sa voiture. Et euh, il pose des questions au chauffeur de l'auto et euh, finalement, la personne est un médecin. Donc, le policier lui dit : « Euh, je vais vous laisser aller, sans rien faire, si vous allez à Sainte-Marie-La-Mauderne et vous restez là pendant un mois et vous travaillez en tant que médecin dans le village ». Comme ça, les villageois auront la chance de le convaincre de rester dans le fond. Donc, qu'est-ce que les villageois ils font, ils essaient, ils font de la recherche sur Christopher Lewis, qui est le médecin, et ils découvrent tous ses goûts personnels, ses passe-temps préférés, sa bouffe préférée, tout ce qu'ils peuvent trouver sur lui, et ils changent leur style de vie pour mieux l'accommoder. Donc, qu'est-ce qu'ils essaient de faire, c'est de se créer une image d'un village ouvert vers lui et les goûts de Christopher Lewis. Donc, ils commencent à jouer au cricket, ils écoutent de la musique jazz, ils changent les menus dans les restaurants, ils font plein d'affaires pour lui faire à croire que… qu'il pourrait avoir le même style de vie qu'il a à Montréal à Sainte-Marie-La-Mauderne. Euh, ça marche, ça fonctionne. Le médecin il croit que c'est vraiment une place pour lui euh, et, finalement, décide de rester, après des péripéties. À la fin il décide de rester. Hum, qu'est-ce que je trouve intéressant du film, c'est que ça pose la question : « Est-ce que la fin justifie les moyens »? Bon, parce qu'ils euh, disons leurs façons de trouver de l'information sur Christopher Lewis sont pas vraiment éthiques. Je veux dire, ils écoutent ses conversations avec sa famille à Montréal, euh, ils font de la recherche un peu contre, à son insu. Donc toute la recherche qu'ils ont faite c'est à son insu. Donc, on se pose la question : est-ce que c'est correct? Est-ce qu'ils ont le droit d'utiliser certains moyens pour sauver la vie du village? Est-ce qu'on a le droit de faire ça pour permettre aux citoyens de rester au village? Est-ce que ça justifie ce qu'ils font? Et moi j'ai trouvé ça intéressant parce que c'est quelque chose qui arrive aujourd'hui. Je veux dire, c'est un phénomène qui existe dans nos villages au Québec, en Ontario aussi. Il y a plusieurs jeunes qui doivent quitter leur village pour aller étudier ou pour aller travailler ou pour n'importe quelle autre raison. Donc, ça parle de quelque chose qui se passe aujourd'hui pis c'est quelque chose qu'on peut voir chez nous. Et c'est un film que j'ai aimé, j'ai trouvé ça drôle. La seule affaire que j'ai pas vraiment aimée, c'est qu'ils font trop de blagues sur les différences entre la ville et les villages. Je veux dire, les personnages à Sainte-Marie-La-Mauderne sont quand même assez exagérés. Je veux dire, c'est quand même des caricatures de… des stéréotypes de personnes qui habitent en région. Pis je trouve que c'est un peu forcé des fois. Je veux dire, c'est vrai qu'il y a des personnes qui existent comme les personnages qu'on voit dans le film, mais pas tout le monde est de même. T'sais pas tout le monde est comme Christopher Lewis, pas tout le monde est comme qu'est-ce qu'on voit dans le film. Donc, c'est vraiment un… quelque chose que j'ai pas vraiment aimé. Mais en général j'ai aimé, j'ai trouvé ça intéressant, j'ai trouvé ça drôle, pis euh, ça reflète la réalité des petits villages.

Animatrice : Intéressant, ça nous mène à nous pencher plus sur les reportages qui ont été présentés dans cette unité, qui euh, s'intitule *RSVP en français*. On s'intéresse dans cette unité-là aux enjeux auxquels font face les membres de la communauté francophone au Canada et en Ontario, plus particulièrement. Euh, on s'intéresse plus précisément aux jeunes. Par exemple, aux choix qu'ils ont à faire par rapport à leur éducation postsecondaire, comme s'ils le font en français ou s'ils le font en anglais, est-ce qu'ils restent dans leur ville d'origine ou est-ce qu'ils partent dans une autre ville… On s'intéresse aussi à l'offre de médias de langue française, plus précisément aux radios. Il y a pas beaucoup de radios en français en Ontario pis on rencontre quelques personnes qui travaillent dans ces radios-là pour parler des enjeux, des médias en français pis de l'importance de la représentation de la langue française dans les médias. Le reportage de Mario De Ciccio explore le dilemme auquel font face les jeunes pour choisir leur langue d'étude. Par exemple, on s'intéresse à l'offre de programmes. S'ils veulent étudier en chiropractie, est-ce qu'il y a des programmes offerts en français? Est-ce qu'ils vont devoir le faire en anglais? Puis, de toute façon, est-ce que leur future carrière se fera en anglais ou en français? Donc, c'est des questions qui doivent se poser et c'est pas le cas pour tous les jeunes au Canada. On en apprend aussi sur leurs sentiments vis-à-vis la représentation du français en général dans les institutions. Est-ce qu'ils trouvent que c'est important? Est-ce qu'ils trouvent que c'est facultatif? Pour eux, est-ce que ça leur tient à cœur ou pas, etc. Le reportage de Sébastien St-Onge, lui, euh, se penche sur la place des médias en français, puis plus précisément leurs difficultés. Le financement, est-ce qu'il y a de bonnes cotes d'écoute, est-ce que les gens s'intéressent aux médias en français ou est-ce qu'ils préfèrent aller directement chercher leur information des médias anglophones? Les intervenants partagent avec nous les bienfaits de la communication en français dans les médias. Qu'est-ce que ça peut avoir sur l'ensemble de la société? Donc, c'est vraiment intéressant pis ça me mène à vous poser cette question : est-ce que vous pouvez parler d'enjeux semblables que vivent les jeunes francophones aujourd'hui? Jesse l'a brièvement effleuré que les jeunes doivent souvent quitter leur foyer pour aller travailler ou aller étudier. Est-ce qu'il y en a… est-ce que vous voulez ajouter quelque chose à ça?

Jesse : Juste pour ajouter quelque chose, dans le film c'est quelque chose qu'on peut remarquer. Il y a pas de jeunes dans le film. Je veux dire, il y en a quelques-uns. Il y a quelques familles qui ont des adolescents. Il y a un personnage, c'est un genre de camelot qui fait des tâches pour euh…

Animatrice : Il fait tout et rien, là, oui.

Jesse : Il fait tout, oui. Genre, il se promène tout le temps dans rues pis, il aide le monde. Mais c'est vraiment le seul enfant qu'on voit. Il y a deux adolescents qu'on voit des fois pis il y a une jeune femme qui travaille au comptoir postal, mais c'est vraiment les seuls, là, je veux dire de notre âge qu'on voit. Donc, ça nous fait penser que peut-être ils sont tous partis, peut-être que… ils sont tous allés en ville, comme ils disent.

Animatrice : Hum! ils auraient quitté le nid familial.

Myriam : Ils sont tous à Montréal.

Jesse : *(Rires)* Oui.

Raphaël : Euh, bien pour ma part en fait, je peux parler d'expérience quand je parle de l'enjeu de simplement garder la langue française. Aussi simple que ça, là, j'ai gradué bon, il y a pas si… il y a quand même quelque temps de l'école secondaire, mais une chose que j'ai remarquée suite à ma graduation ça été vraiment euh, de voir à quel point pendant mon secondaire je perdais progressivement ma langue française et ça me passait un petit peu six pieds par-dessus la tête. Et une fois que j'ai gradué, je me suis rendu compte, vraiment presque du jour au lendemain, que wow non vraiment, la langue française c'est quelque chose qui m'est important. C'est vraiment quelque chose que euh, que je veux garder. Pas nécessairement pour la partager ou pour euh, par loyauté ou quoi que ce soit, mais tout simplement parce que c'est quelque chose dont j'ai hérité et que j'aime finalement et dans quoi je suis confortable, etc. Euh, par la suite bon, évidemment j'ai aussi découvert que j'adore travailler en français. Pour moi, c'est la langue, bien, préférable si vous voulez, lorsque je cherche un emploi. Simplement parce que j'ai beaucoup plus d'expérience dans une langue dans laquelle je suis beaucoup plus à l'aise. Donc, au final, je pense que l'enjeu très simple c'est le choix que les jeunes peuvent avoir de nos jours. Oui ou non garder la langue, parce que c'est quelque chose qui peut se perdre très facilement ou qui peut se garder si on décide de le faire, mais encore une fois, très simplement. C'est pas difficile, c'est juste que c'est une question de choisir entre oui ou non.

Animatrice : Intéressant.

Myriam : Oui. Moi je viens en fait, d'un milieu très minoritaire en Ontario et puis je peux comprendre l'enjeu quand même de, bon, est-ce que je vais étudier en anglais ou en français? Parce que finalement, les emplois par chez nous sont en anglais. Donc, plusieurs de mes collègues de classe sont allés étudier à l'université en anglais parce qu'ils se sont dit : « Ben finalement je vais travailler en anglais après, je suis mieux de faire mes études en anglais quelque part ». Mais, dans le fond, où est-ce que… où est leur fierté d'avoir grandi en Ontario, d'être allés à l'école primaire, secondaire en français pour ensuite, pas comme tout lâcher, mais un peu euh, se dire que bon, finalement, tout ça a rien valu. C'est juste pour la famille, là les milieux de travail sont en anglais, on va se lancer en anglais. Je trouve ça un peu dommage, juste parce que, bon, c'est une petite communauté, puis le moins de gens qui veulent continuer à parler en français le moins qu'on aura, qu'on va avoir des services, etc. Donc, je peux voir la difficulté, mais je trouve ça quand même dommage. Surtout que par chez nous bon, les radios il y en a presque pas en français. Donc lorsqu'on allume la radio, c'est en anglais. C'est facile de le faire en anglais, c'est vraiment plus difficile d'aller trouver le poste en français. Je le sais même pas c'est lequel, en fait. *(Rires)* Donc, c'est sûr qu'il y a quand même l'aspect facile de la langue anglaise, donc près de Toronto, mais je vous dirais que maintenant, ici à Ottawa, c'est le fun de pouvoir allumer la radio pis entendre des gens qui parlent comme moi, qui ont des expressions. Pis bon *oh!* ils jouent une *toune* que j'ai déjà entendue dans mon enfance, t'sais. Donc, il y a comme les deux aspects, donc j'aime habiter en milieu majoritaire francophone, mais je me sens encore enracinée dans mon milieu minoritaire, donc la lutte, etc.

Animatrice : Ah! bien oui! c'en est une, c'en est une.

Myriam : Des choix politiques.

Animatrice : Oui oui, tout à fait.

Jesse : Euh moi je viens d'une famille qui vient de, d'un milieu francophone minoritaire, mais j'ai été élevé au Québec, donc où la langue française est la langue principale. Donc, j'ai pu voir les deux réalités et je trouve que souvent, ceux qui habitent en milieu majoritaire prennent pour acquis l'accès qu'ils ont à la langue française, à l'éducation en français, aux médias en français, à tout ce qu'il y a en français. Pis je pense qu'il faut pas oublier que c'est pas la réalité partout dans le pays, qu'il y a des communautés ailleurs qu'au Québec qui vivent pas la même liberté pis le même accès donc, le service en français, donc il faut pas oublier ça.

Animatrice : Merci à tous d'avoir partagé avec nous vos trains de vie, vos luttes. On se retrouve pour une autre capsule ciné tout de suite.

(Musique)

UNITÉ 4
TRANSCRIPTION DOCUMENT DVD
« MÊME HEURE, MÊME POSTE », PAGE 76
PAR IVANA LEBA – LA CITÉ COLLÉGIALE, OTTAWA

Charlie Rousseau, étudiante en radio à La Cité, animatrice : « Et bon début d'émission à tous! »

Confortablement installée dans un studio de radio, Charlie Rousseau a l'air d'une adolescente tout à fait normale. Mais la jeune femme de dix-sept ans est née avec une malformation congénitale aux membres supérieurs et inférieurs de son corps. L'étudiante en radio au Collège La Cité est née avec un seul bras, un seul doigt, aucun genou et sept orteils. Charlie est la seule personne sur terre à avoir ce type de déficience physique.

Charlie Rousseau : « J'aimerais ça que les gens aient confiance en moi parce que ça me déçoit. Ils n'ont pas la foi. Moi, je sais elles sont où mes limites, mais eux ils ne le savent pas, c'est sûr. Mais en même temps, il faut qu'ils me donnent la chance de te prouver que je suis capable parce que moi je sais que je suis capable. »

On compte aujourd'hui au Canada, 4,3 millions de personnes handicapées physiques ou mentales. 250 000 personnes ont un handicap seulement physique et 87 000 handicapés sont des résidents francophones de l'Ontario comme Mylène Viens, étudiante à l'Université du Québec en Outaouais.

Mylène Viens, étudiante en communications à l'Université du Québec en Outaouais : « En somme, je suis quand même fière de qu'est-ce que j'ai. Je veux dire, je vais à l'Université, j'ai des ami(e)s, j'ai le droit à une accompagnatrice qui est toujours avec moi, des mesures pour les examens, plus de temps, preneuse de notes. Ils ont même établi un petit local pour moi, pour mes soins et tout. Donc, c'est génial! »

Seulement dans la région d'Ottawa-Gatineau, il existe 13 organismes qui viennent en aide aux handicapés en français. C'est le cas des Amputés de guerre du Canada, l'association qui compte le plus grand nombre de membres dans la région.

Alex Boivin, animateur à Radio-Jeunesse : « C'est notre émission dans environ 23, heu... 33 minutes. »

Alex Boivin, lui aussi handicapé et lui aussi étudiant en radio, considère que l'association l'a aidé non seulement à être accepté dans la société, mais aussi à s'accepter soi-mêmes.

Alex Boivin : « Ça été ça qui a vraiment débloqué tout le fait de s'accepter comme on est. Ça a été quelque chose qui a été vraiment important pour moi parce qu'à partir de ce moment-là, quand tu es vraiment capable de t'accepter comme tu es, il n'y a plus de barrières. »

Charlie Rousseau : « On se pose parfois la question pourquoi moi et pas un autre. »

Malgré les campagnes de sensibilisation, les personnes handicapées sont toujours victimes de préjugés. Le taux de chômage est plus élevé pour une personne à mobilité réduite parce que les employeurs ne veulent pas les engager. Près du quart des handicapés physiques n'arrivent pas à obtenir un emploi.

Charlie Rousseau : « Dans mon CV, c'est pas indiqué que je suis handicapée. Au départ, lorsque j'ai fait mon CV, j'ai hésité avant pour savoir si je devais le mettre ou non. Sauf que finalement j'en suis venue à la conclusion que ce n'était pas nécessaire parce que c'est sûr que les gens jugent extrêmement vite et aussitôt que mon CV serait arrivé sur la pile, automatiquement je sais que j'aurais été jetée. »

Mylène Viens : « C'est sûr que j'ai passé plusieurs entrevues pour des emplois, puis c'est difficile, mais c'est surtout par des contacts que tu vas réussir à avoir des emplois. Tu ne peux pas trouver un emploi comme tout le monde. »

Sylvie Rozon, enseignante auprès des handicapés : « C'est certain qu'au niveau de l'employabilité, ça peut être davantage plus difficile. Il y a des milieux qui sont moins ouverts, réceptifs à accueillir des personnes qui ont un handicap. »

Bref, les personnes handicapées, comme Charlie et Alex, veulent qu'on les regarde comme des personnes normales avec leurs rêves et leurs ambitions. Grâce à sa détermination, Charlie est devenue la porte-parole francophone officielle des Amputés de guerre du Canada.

Charlie Rousseau : « C'est super important pour moi de faire partie des Amputés de guerre parce que c'est comme un peu une deuxième famille. Avec eux, je suis certaine que je ne me ferai jamais juger. Pareil pour moi, je ne les juge pas. »

Sylvie Rozon : « Parce que les personnes handicapées ont les mêmes droits que toutes les autres personnes dans la société. Alors c'est certain qu'on doit les encourager à continuer à défendre leurs droits.

Charlie Rousseau : « Je me bats tous les jours pour faire accepter ma différence à ceux qui m'entourent. Ça va être un combat, j'en suis certaine, qui va durer tout au long de ma vie. »

Charlie Rousseau : « Voilà ce qui complète votre émission. »

Pour Charlie, son handicap ne fait aucune différence.

Ivana Leba pour La Cité, Ottawa.

Diane Ryan, atteinte de La Tourette : « Le syndrome de La Tourette, c'est des tics que ce soit des tics vocaux ou physiques. Moi, j'en ai une couple *jappements* de même, si c'est physique, je vais faire ça de même. »

Diane Ryan n'est pas la seule à vivre avec La Tourette. Au Canada, une personne sur deux cents souffre de ce syndrome. Les personnes atteintes de La Tourette ont de la difficulté à contrôler les impulsivités que leur cerveau leur demande de faire. Encore plus lorsqu'on les interdit.

Diane Ryan : « La Tourette, c'est de l'impulsivité aussi, dans le sens qu'on est beaucoup attirés par ce qui est interdit. Si tu me disais, cris pas, je vais vouloir le faire, ça va me démanger, ça va me démanger et là je vais finir par le faire. »

Charlène Mongeon, orthopédagogue, association québécoise de La Tourette : « C'est une pulsion, ils ne peuvent pas s'empêcher de le faire, c'est là, ils vont vouloir se retenir, mais c'est une pulsion y va falloir que ça sorte. »

Le syndrome de La Tourette ne vient pas qu'avec des tics. Les gens sont presque toujours atteints d'au moins un autre trouble, parmi une douzaine possible, comme un déficit d'attention, de l'anxiété ou des troubles du sommeil.

Mais les symptômes les plus communs et les plus visibles de la maladie demeurent les tics. Chez les tics moteurs, on remarque couramment des clignements des yeux, se mordre les lèvres et donner des coups de têtes.

Les tics vocaux les plus courants sont renifler, japper et émettre des cris stridents. Il y a aussi les sacres, quoique moins courants qu'on puisse le penser. Et la liste s'allonge encore, plus d'une centaine de tics différents sont recensés.

Diane Ryan : « J'ai tout le temps comparé ça comme si ça te grattais en dessous du pied. Ça te démange, alors faut que tu le fasses. Tant que tu ne le fais pas, tu n'auras pas le soulagement. Alors moi je le fais, pour me soulager et que ma tension s'en aille. »

Charlène Mongeon : « Ou c'est la crise de rage. Ça "pète" pis après ça ils reviennent. "Ah!, ça va? C'est correct? Ah! ok, c'est beau!" c'est fini, c'est fini, ils n'ont pas de rancune, ils ne sont pas fâchés, c'est fini. Ça comme "pouf" ça a passé, c'est vraiment… c'est intense. »

La famille de Diane a eu de la difficulté à comprendre sa maladie. Ils croyaient qu'elle faisait ses tics pour chercher de l'attention.

Diane Ryan : « Ma mère pensait que je le faisais pour attirer l'attention, puis la phase a été dure jusqu'à temps qu'elle comprenne que c'est une maladie et que je le faisais sans le vouloir. Plus elle me disait d'arrêter de le faire, plus je le faisais. »

Charlène Mongeon : « Ils veulent être gentils, ils veulent être fins. C'est des amours, mais c'est plus fort qu'eux. »

En plus d'être orthopédagogue, Charlène Mongeon est aussi la maman d'un petit garçon atteint de La Tourette. Apprendre que son enfant en est atteint n'est pas toujours facile à accepter.

Charlène Mongeon : « Tu pleures, tu regardes ton ado et tu fais ok, c'est triste, ça fait peur et tu ne veux pas que ton enfant ait ça. Parce que on associe Tourette, on le disait tantôt, à des gros mots, mais ce n'est tellement pas juste ça. »

Les gens ont encore beaucoup de préjugés envers le syndrome de La Tourette, car ils sont souvent mal informés et connaissent peu la maladie.

VOX POP

Journaliste : « Si je te demande c'est quoi La Tourette, tu penses que c'est quoi? »

VOX POP 1 « Selon moi, c'est des gens qui souvent ont des tics et que des fois ils disent des affaires sans s'en rendre compte? »

VOX POP 2 « Les gens qui ont La Tourette ont des troubles sociaux. Ein, c'est des gens qui disent des choses, il faut que ça sorte, c'est plus fort qu'eux. »

VOX POP 3 « Je pense que c'est des gens qui sacrent, sans contrôle d'eux-mêmes. »

Vivre avec le syndrome de La Tourette vient avec son lot de conséquences. Le 22 novembre dernier, Louis-Philippe Drexhage, qui en est atteint, a été évincé du cinéma Sylvercity d'Ottawa par des gardiens de sécurité. Des clients avaient porté plainte parce que ses tics vocaux les dérangeaient.

Louis-Philippe Drexhage, atteint de La Tourette : « Moi, ça m'a fait de la peine. Ça me dit qu'il y a du monde qui ne sont pas tolérants. Puis, j'aimerais ça qu'ils soient plus tolérants envers ça, puis qu'ils comprennent plus ma maladie. »

Diane Ryan : « Quand je suis dans un espace qui a beaucoup de gens alentour et que je peux, je vais sensibiliser les gens. Si les gens vont me regarder et vont me faire des commentaires, bien je vais m'asseoir avec eux autres et leur dire "J'ai le syndrome de La Tourette", tous les gens alentour après ça ne l'entendent plus, ça fait juste partie du bruit de fond, du décor. »

Diane Ryan : « Il y a une couple d'années passées, je te dirais "je ne le veux pas, débarrassez-moi de ça", mais aujourd'hui, je sais que je l'ai pour une raison. Oui, c'est ça la différence. Je l'ai pour faire quelque chose avec. »

Diane prend donc le temps de composer des chansons…

Pour mieux accepter le fait que selon elle, vivre avec La Tourette, c'est être prisonnier de soi-même.

Jérôme Bergeron, La Cité, à Ottawa.

Transcription « À l'affiche »
Quartet discute La Famille Bélier

(Musique)

Animatrice : Notre capsule ciné aujourd'hui nous fait découvrir *La Famille Bélier*. Pour nous en parler, on a Raphaël avec nous. Bonjour Raphaël.

Raphaël : Salut!

Animatrice : Donc, raconte-nous c'est quoi le film *La Famille Bélier*.

Raphaël : Donc, dans *La Famille Bélier*, on suit le personnage de Paula Bélier. C'est une jeune adolescente qui dans, ben en fait qui est la seule avec l'ouïe et la parole dans une famille de sourds-muets et c'est une famille de fermiers. Donc, ils occupent pas mal de tâches, finalement, manuelles, etc., mais qui ont aussi un besoin fondamental lorsque vient le temps de communiquer que ce soit pour la vente, que ce soit pour les interactions au téléphone, etc., etc. Et même juste pour des discussions avec d'autres gens qui ne sont pas sourds et muets et, justement, qui ne connaissent pas le langage des signes. Et donc c'est là où Paula entre en jeu, parce qu'elle est un petit peu la représentante si vous voulez pour le reste de sa famille. Elle s'occupe de gérer tous les aspects de communication avec le monde externe. Euh et euh bon, c'est ça donc c'est des tâches vraiment de A à Z, là des fois c'est même accompagner ses parents chez le médecin pour parler de leurs issues personnelles, etc., ou encore simplement la vente du fromage pour ses parents. Et pendant ce temps-là, eh bien elle, c'est une adolescente de seize ans et elle est au secondaire, etc., pis elle explore euh bien elle découvre finalement la chorale grâce à son professeur de musique. Donc, elle se joint à la chorale et commence à pratiquer régulièrement, etc. Elle découvre le chant et surtout elle découvre qu'elle a un don en chant, qu'elle est bonne, qu'elle est très douée finalement, euh, en ce qui concerne le chant et son professeur le lui fait remarquer très rapidement. Mais, c'est qu'on découvre en même temps que y a un petit peu d'ambiguïté dans la situation où est-ce que pour elle le chant c'est quelque chose de très personnel parce que c'est pas quelque chose qu'elle peut réellement partager avec sa famille. Donc, elle commence à mener une deuxième vie où est-ce qu'elle chante, elle chante avec la chorale, et elle développe son talent et en même temps elle continue de représenter sa famille et d'aider sa famille. Du côté de sa famille, son père, Rodolph, essaie de se lancer dans la course électorale pour la mairie de son village. Malgré son, bien ce que certains pourraient appeler un handicap, d'être sourd et muet. Et pour ce faire, il a évidemment besoin de sa fille qui est indispensable dans le lancement de sa campagne, dans la communication pour l'information, etc. Et donc, c'est un projet ambitieux, mais qui demande aussi beaucoup de temps de Paula. Et donc dans le film on voit vraiment qu'elle doit, elle a des responsabilités énormes au niveau de sa famille, mais au niveau personnel. Elle a aussi des… beaucoup de temps à donner, etc., pour justement développer son talent. On découvre aussi à un certain point que le professeur l'invite à participer à un concours très prestigieux de Paris en chant, puisqu'il pense qu'elle est assez talentueuse pour réussir, justement, à gagner le concours. Et finalement, bon, les parents de Paula apprennent qu'elle est… qu'elle chante, qu'elle chante dans la chorale parce qu'ils ne le savaient pas, et qu'elle est inscrite à ce concours et donc, s'ensuit une sorte de conflit entre les parents et Paula. Les parents qui ne comprennent pas, justement, qu'est-ce que c'est, pis pourquoi. Est-ce que Paula voudrait, t'sais, joindre la chorale, ils pensent que c'est un rejet des responsabilités, un abandon finalement, et, finalement bon le père ne réussit pas très bien la course électorale donc ça se termine quelque peu dans le vide. C'est flou, justement. Et entre-temps, on suit la famille qui se sent abandonnée et Paula, qui doit faire le choix entre sa famille et le concours. Et le concours elle finit par l'abandonner pour rester avec sa famille tout en restant dans la chorale toutefois. Et finalement, vers la fin du film, la chorale présente un concert où les parents et le frère de Paula assistent. Et sans toutefois entendre ce qu'elle chante, entendre ce qu'elle fait, entendre le spectacle, ils réussissent à déterminer, grâce en regardant, grâce aux réactions des gens qui les entourent, que Paula est très douée dans ce qu'elle fait. Qu'elle est très bien, que ça émeut les gens. Et donc, finalement à la dernière minute ils l'accompagnent à Paris pour faire son concours qu'elle réussit et voilà, donc c'est une, ce n'est même plus une question de choix et Paula réussit donc à entrer dans une école de chant à Paris. Donc, tout est bien qui finit bien si vous voulez.

Animatrice : Un film très touchant je peux m'imaginer.

Raphaël : Touchant, oui. Mais ce qui est bien avec ça c'est que c'est, il y a beaucoup d'extraits comiques. Il y a beaucoup de blagues, en même temps c'est pris avec légèreté pis ça, oui avec du sérieux, mais sans toutefois, trop se prendre au sérieux. Donc c'est facile à voir. C'est plaisant et agréable à regarder. Ça prend avec légèreté et avec finesse si vous voulez un quelque chose qui n'est pas nécessairement facile à prendre avec finesse, c'est-à-dire le fait d'être sourd-muet et de vivre en famille où est-ce que tout le monde est sourd-muet. Est-ce que c'est un handicap dans ce cas-ci de ne pas être sourd-muet étant donné que le reste de la famille l'est? Probablement pas, mais d'une certaine façon c'est que c'est un facteur limitant. Pis c'est ce qu'on explore justement dans le film avec la famille Bélier, etc. Et c'est ce que je trouve aussi très intéressant parce que ça nous fait, ça fait réaliser au spectateur, au visionneur justement, qu'est-ce que c'est que d'être sourd-muet pis d'avoir une famille sourde-muette, par exemple, ou qu'est-ce que c'est de faire l'interprète tout le temps? Qu'est-ce que c'est d'avoir ces responsabilités-là malgré le fait que tu n'es qu'une jeune adolescente, par exemple? Donc, je pense que c'est une très belle mise en contexte, c'est un aperçu.

Myriam : Moi j'ai une question.

Animatrice et Raphaël : Oui?

Myriam : Dans le film est-ce qu'on signe et on a les sous-titres pour dire ce qu'ils disent?

Raphaël : Oui!

Myriam : Oui? OK.

Raphaël : Oui donc, le langage des signes est utilisé tout le long du film.

Myriam : OK.

Raphaël : Euh pour toutes les familles, bien euh tous les membres de la famille muette et en même temps, Paula aussi utilise le langage des signes. Donc, le tout est traduit, justement, avec des sous-titres.

Myriam : Deuxième question.

Raphaël : Oui.

Myriam : Est-ce qu'on sait quelle langue des signes ils utilisent?

Raphaël : Ça malheureusement, non.

Myriam : OK.

Raphaël : Je ne peux pas…

Myriam : Est-ce que c'est fait au Québec ou en France?

Raphaël : J'ose croire que c'est un film français ça. Oui.

Myriam : OK, alors c'est sûrement la langue des signes française.

Raphaël : Probablement, oui.

(Rires)

Raphaël : Il faudrait vérifier.

Animatrice : Tu as un intérêt…

Myriam : Oui, j'étudie en ce moment la langue des signes québécoise.

Animatrice et Raphaël : Ah oui?

Myriam : Donc euh, interprète *(rires)*

Myriam : Je viens de faire le signe pour « interprète ». Ça doit être vraiment hot, moi j'aime les choses, les films qui représentent la langue des signes, c'est un intérêt pour moi en ce moment, donc… Cool.

Animatrice : Cool!

Raphaël : Ah ben parfait!
(Rires)

Animatrice : Je vais présenter les reportages de cette unité. L'unité *Moi aussi j'existe*. C'est une unité qui explore la vie de personnes qui vivent avec un handicap ou un syndrome qui ont des conséquences sur leurs vies. Dans le reportage d'Ivanna Leba, on rencontre Charlie, Milène et Alex. Ils sont trois jeunes francophones atteints d'un handicap physique. Ils sont très actifs dans leur communauté, donc c'est beau de les voir aller. Ils sont actifs à la radio, ils étudient… On discute les défis quotidiens de ces jeunes-là, comme, par exemple, le déplacement, c'est aussi simple que ça, ou se trouver du travail, quelque chose qui peut être difficile. On discute aussi de leur perception sur la place donnée aux personnes ayant un handicap dans notre société. Est-ce que c'est facile? Est-ce que c'est difficile d'avoir un rôle dans notre société? C'est quelque chose qu'on découvre avec eux. Le reportage de Jérôme Bergeron nous emmène découvrir le monde de Diane. C'est une jeune francophone qui vit avec le syndrome de la Tourette. On en apprend plus sur ce syndrome-là. On voit à quelle ampleur il est dans notre société. Diane nous confie un peu son cheminement vers un diagnostic qui a pas été toujours facile. Ce n'est pas nécessairement évident. On voit aussi quelles sont les réactions des gens par rapport à ce syndrome-là. Quelles sont ses réactions à elle pis ses impressions, ses façons à de s'exprimer. Donc, elle adore le chant, tout comme la protagoniste du film *La Famille Bélier*. C'est une façon pour elle d'évacuer ses émotions, de rencontrer des gens aussi. Elle aime beaucoup la musique et l'écriture, donc c'est vraiment des jeunes résilients et talentueux qu'on rencontre dans cette unité-là. Est-ce que vous, vous pouvez faire des liens entre ces jeunes atteints d'un syndrome ou d'un handicap et le film *La Famille Bélier*?

Raphaël : Pour ma part, je vais commencer très rapidement, je vais refaire le lien justement de… avec Paula. Parce que Paula, finalement, c'est la seule qui n'est pas atteinte d'un handicap dans le film. Sauf que, on pourrait se poser la question justement : est-ce que c'est un handicap de ne pas avoir de handicap dans ce contexte-là? Parce que finalement, le reste de la famille pour eux c'est normal et ce n'est presque rien parce qu'ils ont toujours été ensemble, mais pour Paula ça devient un problème. Donc, je pense que c'est presque un paradoxe intéressant qui peut laisser réfléchir finalement.

Myriam : Donc moi le lien que je pourrais faire entre le reportage et le film… Dans le fond dans le premier reportage on parle de la place des personnes avec handicap dans la société et puis quels emplois ils peuvent faire plus tard. J'imagine que pour le père de la famille Bélier ça a pas dû être facile quand même d'aller chercher ou de vouloir aller chercher un poste qui est aussi public que d'être maire. C'est bien ça? Oui, OK, donc d'être maire. Euh, donc je veux dire avec les avancements technologiques, etc., maintenant les personnes sourdes et malentendantes ont de plus en plus de possibilités euh, par exemple, travailler dans les communications, les ordinateurs, etc. Euh, mais c'était généralement très difficile pour ces personnes-là dans le passé, donc je pense que c'est vraiment excellent qu'avec les avancements technologiques les personnes avec handicap ont vraiment la possibilité, ou encore plus de possibilités pour participer activement à la société, puis je pense que c'est quelque chose que même si on a un handicap physique, maintenant il y a beaucoup plus d'accommodements. Puis maintenant avec les lois qui supportent ça, on a beaucoup plus accès aux bâtiments, etc. Donc, je pense qu'on s'en va à quelque part de bien.

Jesse : Euh, moi je trouve ça intéressant que la communauté, euh, sourde ou qui a un handicap, va encourager quelqu'un qui en a pas. Donc il y a quand même des… elle fait partie de la communauté dans la fille qui chante.

Raphaël : Euh, bien, c'est que sa famille, donc ils sont quatre, mais donc, bien, la communauté de la famille Bélier, finalement, elle appartient à ça, mais justement, malgré leur handicap pis leur manque de connaissance en ce qui concerne le chant ou, simplement, sur quelque chose qui ne les touche pas particulièrement, ils vont quand même continuer à l'encourager euh, à poursuivre sa passion.

Jesse : Ouais donc on voit que ça les empêche pas de s'aimer, d'être une famille unie même s'il y a des différences…

Raphaël : Oui c'est ça, oui exactement, oui.

Myriam : C'est magnifique, j'adore les films sur « l'inclusivité » comme ça.

Animatrice : Oui

Myriam : C'est beau. Je trouve ça vraiment beau qu'on représente la communauté sourde ou des malentendants dans les films. C'est quelque chose qu'on voit pas souvent. On n'est pas au courant et puis si c'était de moi, tous les enfants apprendraient la langue des signes comme enfant, parce que c'est quelque chose qui est tellement facile à apprendre, surtout pour des enfants. J'ai vu un reportage récemment aussi, où les enfants avaient appris le ESL pour leur collègue qui était sourd. Donc, juste cet aspect-là, donc ça a changé la vie du petit garçon. Donc, je pense qu'on a peut-être tous quelqu'un de loin qu'on connaît qui est sourd ou malentendant et puis juste faire l'effort de communiquer avec eux, ça peut faire toute la différence. Donc, je pense que c'est quelque chose qui est à travailler *(rires)* dans le milieu scolaire.

Animatrice : Merci Myriam, ben je… bonne chance dans ton apprentissage de la langue des signes québécoise. Merci à tous pour vos interventions. On se retrouve dans une autre capsule ciné.

Myriam : À la prochaine!

(Musique)

Lecture du Coran

Henrik est plusieurs choses. Il est Franco-Ontarien, il est originaire d'Ottawa, il est enseignant, et il est également musulman. À l'âge de 22 ans, il s'est converti à l'islam, un choix qu'il n'a pas pris à la légère.

Henrik Vierula, converti à l'islam : « J'avais peur de devenir musulman, parce que ça ne… ce n'était pas compatible avec toutes ces idées de moi que je m'étais créées, tu vois? Cette adoration de soi qu'on a tendance à faire. Et donc justement c'était un indice pour moi que "Voici la vérité, le vrai chemin que tu es déjà en train d'affronter ton espèce d'idole que tu te crées intérieurement." »

Henrik Vierula : « Ça vient de l'espèce de peur de l'autre, quoi. »

Pour lui, sa conversion a été l'aboutissement d'un long questionnement sur sa foi catholique de naissance, qui a commencé à l'âge de 15 ans. Il s'est intéressé à plusieurs autres traditions religieuses, dont le taoïsme chinois, et a fini par choisir l'islam. S'il a choisi l'islam, c'est parce que, selon lui, elle offre un mode de vie équilibré qui rejoint son souci de s'harmoniser avec lui-même et avec le monde.

Henrik Vierula : « L'islam est censé être une religion d'équilibre, et on s'équilibre par la prière. Donc, les prières correspondent aux heures de la journée parce que, aux différents temps de la journée, y a une énergie différente et on doit s'accorder. C'est toujours l'idée de s'accorder avec l'harmonie universelle. »

Peter Beyer est professeur de la sociologie de la religion à l'Université d'Ottawa. Selon lui, l'expérience d'Henrik, et surtout le fait qu'il se convertisse à 22 ans, est typique.

Peter Beyer, professeur de la sociologie de la religion : « Les possibilités de conversion sont augmentées, ont atteint leur apogée à cet âge-là, ouais? Pourquoi? Ouais, on peut en discuter. Il y a une certaine phase de vie dans la jeunesse où on est peut-être plus susceptible de changer de l'orientation ou non, si c'est dans le champ religieux ou ailleurs. »

John Maguire aussi s'est converti à l'islam lors de son passage à l'Université d'Ottawa.

Henrik connaissait à l'époque ce jeune homme devenu célèbre pour son rôle dans le dernier film de propagande du groupe armé État islamique.

Un jour, Maguire lui a raconté qu'il voulait autrefois être musicien, mais qu'il y a renoncé, affirmant que la musique est interdite dans l'islam. Cette déclaration a fait réaliser à Henrik que Maguire suivait une interprétation de l'islam beaucoup plus stricte que la norme. Mais il n'aurait jamais prédit le parcours extrémiste du jeune étudiant, parti combattre en Syrie.

Henrik Vierula : « J'étais un peu surpris par son opinion, mais je ne m'aurais [sic] jamais imaginé qu'il aurait poursuivi telle inclinaison [sic] au point qu'il refuse de vivre au Canada parce qu'il croit que la seule option pour un musulman c'est de faire la guerre à l'Occident. »

Michael Zéhaf-Bibeau et Martin Couture-Rouleau, les responsables des attentats du mois d'octobre, ainsi que John Maguire sont autant d'exemples de convertis qui ont fait les manchettes à cause de leurs gestes extrémistes.

Pourtant, selon Henrik, ces gens ne sont pas du tout représentatifs de la majorité des convertis. Et ils ont mal compris, selon lui, un précepte central de l'islam, le fameux djihad. Pour Henrik comme pour la plupart des musulmans, le djihad, mot arabe qui veut dire « lutte », n'est pas la guerre sainte, mais plutôt un combat intérieur, spirituel et pacifique.

Henrik Vierula : « Le djihad contre soi-même, contre la colère, contre la jalousie, contre toutes ces émotions qui nous entraînent vers le péché est vraiment l'objectif principal de la vie d'un musulman et le combat armé n'est qu'une conséquence et qu'une aréna dans laquelle [sic] on doit vraiment se combattre soi-même. »

Une grande proportion des extrémistes qu'on voit à la télévision dernièrement sont justement des convertis qui viennent de pays comme l'Angleterre, la France, et même le Canada. Mais l'exemple d'Henrik est le rappel que la vaste majorité des convertis ne veulent que la paix.

Edward Roué pour La Cité, à Ottawa.

Maxime qui fait la vaisselle

À première vue, Maxime, 18 ans, est un jeune homme comme les autres. Mais Maxime en fait, s'appelait Camille, il n'y a pas si longtemps. Depuis deux ans, il prend des hormones, il s'injecte de la testostérone, pour devenir graduellement un homme avec de la barbe, une voix grave et une masse musculaire. Dès l'âge de trois ans, Maxime se sentait malheureux et prisonnier dans son corps de fille. Mais le pire, c'est lorsque la puberté est arrivée.

Maxime Charette, transgenre : « C'est l'enfer. C'est l'enfer. Là, les règles, ça c'est la pire chose qui pouvait m'arriver. C'est ça, tu te mets à fixer là-dessus, et là à chaque mois il y a des règles qui reviennent. Pendant une semaine avant, tu es down, et une semaine après, tu es tanné. »

Michèle, mère de Maxime, qui place la vaisselle

Sa mère, Michèle, se souvient très bien que Maxime voulait devenir un homme dès son tout jeune âge.

Michèle Blais, mère de Maxime : « C'était de mettre les bottes de travail à son père aussitôt qu'il a commencé à marcher, et quand il a commencé à aller sur le petit pot, c'était je veux faire pipi debout. Moi je disais ben non, tu es une fille, tu ne peux pas faire des pipis debout. Oui je veux faire des pipis debout comme papa. »

Maxime Charette : « Ma mère, elle, elle n'aimait pas ça. Elle voulait qu'on aille [sic] les cheveux longs et on était ses petites filles. Ça, ça été marquant parce que c'est arrivé souvent que j'arrivais avec les cheveux courts de la fin de semaine avec mon père, et ma mère se mettait à pleurer, elle n'était pas capable. »

Michèle Blais : « Je le sentais, mais je ne comprenais pas. Je ne comprenais pas qu'un jour ce serait un homme. Pour moi, ça aurait fait une grande fille, mais ce n'était pas le cas. Oui, ça été difficile. »

Maxime Charette : « J'ai fait des efforts pour porter des vêtements de fille, m'intégrer, avoir les cheveux longs, mais un moment donné, ça marchait plus. Déprime, tu n'as plus le goût de rien faire. »

C'est vers l'âge de 14 ans que Maxime a fait le choix d'en parler avec sa mère.

Michèle Blais : « C'est là qu'il m'a dit je ne suis pas bien dans mon corps, ce n'est pas moi, je me sens pris dans ce corps-là. Alors j'ai dit je le vois que tu n'es pas heureuse et qu'il y a quelque chose, mais moi je suis là pour t'aider. Si tu veux, on va faire les démarches, on va aller voir les médecins, on va aller voir des gens. »

Maxime a alors commencé ses démarches auprès des médecins et des chirurgiens.

Maxime Charette : « Moi, tout de suite en arrivant là, j'ai dit qu'est-ce qu'on fait pour que ça change? Elle m'a tout expliqué les traitements et les chirurgies qui vont par la suite. Elle m'a dit toi tu te situerais où? J'ai dit moi, tout de suite la chirurgie. »

Chaque année au Canada, environ 200 hommes se font transformer en femmes, et environ 50 femmes se font transformer en homme. Cette dernière opération est donc plus rare, et aussi plus compliquée.

D^{re} Maud Bélanger, chirurgienne plasticienne : « Ils vont avoir une hystérectomie, enlever l'utérus et les ovaires, puis en dernier lieu la chirurgie des organes génitaux. La première chirurgie qui va être constituée à faire euh... le pénis, la deuxième chirurgie, on va mettre des implants testiculaires, puis la troisième chirurgie, on va mettre un implant pénien qui va permettre à la personne d'avoir des érections. »

Être une personne transgenre n'est pas seulement difficile psychologiquement, c'est aussi difficile de vivre normalement en société.

Marika Laprise-Mougeot, sexologue : « Si l'on pense seulement aux salles de bain, aux vestiaires, toutes les cartes d'assurance maladie, permis de conduire... Tous les papiers à remplir où l'on doit cocher de quel sexe on est. »

Maxime Charette, au téléphone : « C'est Maxime, j'ai oublié mon livre. »

Maxime en a encore pour quatre ans d'attente et de chirurgies, avant de devenir un homme à part entière.

Journaliste : « Est-ce que tu as peur de le regretter tu penses? »

Maxime Charette : « Non, ça, jamais. Ça, c'est sûr que non. »

Michèle Blais : « Je le vois qu'il est heureux. Le voir heureux, c'est mon enfant, et quand tu vois tes enfants heureux, tu es heureuse. »

Quand il aura 22 ans, Maxime vivra donc dans le bon corps, un moment qu'il a attendu toute sa vie.

Amélie Richard pour la Cité, à Ottawa

Transcription « À l'affiche »
Quartet discute *Qu'est-ce qu'on a fait au Bon Dieu?*

(Musique)

Animatrice : Notre capsule ciné aujourd'hui nous fait découvrir *Qu'est-ce qu'on a fait au Bon Dieu?* Pour nous en parler, on a Myriam avec nous. Bonjour Myriam.

Myriam : Bonjour!

Animatrice : Donc, raconte-nous l'histoire de *Qu'est-ce qu'on a fait au Bon Dieu?*

Myriam : Moi j'ai beaucoup aimé *Qu'est-ce qu'on a fait au Bon Dieu?* Dans le fond le titre moi je pensais que c'était « Bon! Qu'est-ce qu'on a fait au Bon Dieu! », mais t'sais genre dans le fond il est parti, mais c'est plutôt « Bon, qu'est-ce qu'on a fait au Bon Dieu pour qu'il nous donne cette situation dans la vie? » genre. Donc c'est l'histoire d'un couple français, assez traditionnel merci. Ils vivent à Chinon, une petite région en France. Ils sont catholiques. Ils ont quatre filles et dès le début du film on voit que une, deux et puis les trois filles se marient à la mairie, donc au civil, ce qui est une déception pour les parents d'abord, mais ils se marient à un Juif, un Arabe et un Chinois. Donc là, les parents, ils sont désespérés. Ils ont juste hâte qu'ils marient, bon, leur quatrième fille à un catholique. Donc les parents, surtout le père, euh ils ont de la difficulté à accepter leurs gendres multiculturels. Il y a beaucoup de tensions qui existent entre les gendres eux-mêmes. Donc, c'est réaliste dans la nouvelle société française où il y a beaucoup de multiculturalisme à Paris, etc. Mais on voit qu'il y a quand même les tensions générationnelles, mais aussi culturelles. Donc, il y a tout ça qui se passe. C'est drôle par contre. On peut quand même avoir des bouts légers. Enfin, la quatrième fille on essaie de la *matcher* avec le voisin un peu moche, pas très intéressant, euh ça fonctionne pas parce que elle, elle est déjà fiancée à quelqu'un d'autre, et c'est un catholique, mais il est noir. Donc, vous pouvez comprendre que là, les parents, bon, ils sont pas extra contents. Mais bon, c'est drôle, parce que donc, on se dit, « OK c'est bon elle, elle va réussir t'sais » et pis là finalement oups! Il vient de la Côte d'Ivoire! Donc, il est aussi immigré, mais il est un bon Français, etc. Donc, la famille se divise un peu, les jeunes sont à Paris, les parents sont à Chinon et puis la mère commence une dépression parce qu'elle s'ennuie de ses filles, etc., et de ses petites, de ses petits-enfants. Mais bon, donc, à cause de ce début de dépression là, on ramène la famille ensemble à Noël, etc. Donc, il y a quand même une cohésion qui se fait ici. Là bon, le secret sort que Laure, la quatrième fille, est fiancée et puis on décide, bon, d'inviter le futur gendre, etc. à rencontrer la famille. Tout le monde est en désaccord, euh, ils essaient même de déchirer le couple pour le bien de la famille.

Que bon, les trois autres, bon, c'était peut-être pas exactement ce que les parents voulaient, mais que elle, elle devrait se sacrifier pour le bien de la famille. Et puis bon, elle, elle est super pas d'accord euh, et donc bon, les parents de Laure rencontrent les parents de Charles, qui est le fiancé, et puis le père de Charles est aussi raciste et non tolérant que le père de Laure, donc ils sont semblables dans ce sens-là. Donc, c'est quand même assez drôle. Euh, les deux veulent pas que le mariage arrive finalement, euh, bon ils vont aller, ils vont finir en prison, toutes sortes de choses se passent. Finalement, bon, les deux prennent conscience du fait que bon, finalement leurs jeunes s'aiment, c'est pas si pire les deux sont catholiques, ça se passe pas si pire, ça va sûrement être à l'église et puis, bon, ils se marient à la fin et la famille est une famille heureuse. Et puis, à travers ça on voit aussi l'histoire des trois autres gendres qui partent en affaires ensemble, qui vont faire toutes sortes de choses. Bon, ils se rapprochent malgré leurs différences culturelles. Donc, il y a un souper où la mère, bon à Noël elle va faire une dinde halal, une dinde casher et puis une dinde avec une recette chinoise pour inclure ses gendres. Donc, c'est vraiment cute et puis bon, finalement ils mangent pas halal, casher, ni vraiment chinois, mais bon, parce qu'ils sont français. Il y a une partie aussi où ce qu'ils vont tous chanter *La Marseillaise* pour le père qui est très très fier. Il dit souvent qu'il est très très très traditionnel français, mais on voit l'évolution aussi, bon, avec le couple. Bon, la mère qui est plus inclusive que le père… en fait les deux mères sont plus inclusives que les pères et puis c'est une belle histoire. 2015, donc ça se passe en ce moment, mais on voit un *clash* des valeurs. Mais c'est très très intéressant, très drôle aussi. J'ai bien aimé. Donc, c'est très complexe. Bon, il y a le thème quand même du racisme qui est là, donc beaucoup de blagues sur les stéréotypes culturels, bon lui il est petit, lui il a le gros nez, donc on peut se dire qui est qui. Donc, on a aussi les gendres qui essaient de faire plaisir à leurs beaux-parents. Donc, à la messe de Noël ils vont chanter les chants de Noël très fort et très fièrement. Donc c'est très drôle à regarder, parce que eux aussi, en fait, ils veulent se faire accepter par leurs beaux-parents. Donc, c'est le fun. On a aussi, bon, des moments qui ne sont pas prévisibles. Et puis, on voit aussi que les mères se détachent un peu de l'autorité comme, euh, leurs maris en quelque sorte. Elles s'affirment pour ce qu'elles croient et c'est la morale dans le fond. Les femmes sont la morale du film.

Animatrice : Oh!

Myriam : J'ai vraiment aimé

Animatrice : T'as aimé?

Myriam : Oui, ça a un bon rythme. Tu t'ennuies pas, donc je le recommande à tous.

Animatrice : Super, merci! Et pour euh, est-ce que c'est réussi en termes d'aborder un sujet assez lourd d'une façon plutôt légère? C'est…

Myriam : Oui!

Animatrice : Est-ce que c'est réussi?

Myriam : Oui, je dirais que oui. Ça se passe super bien. On voit vraiment, dans le fond, au début il y avait des tensions. Ils sont pas capables de se parler à un souper de famille où est-ce qu'à la fin, bon, c'est quétaine là, mais ils sont capables d'accepter leurs différences et puis utiliser ça pour être, comme, plus forts. Oui c'est *cute*.

Animatrice : Bien c'est une belle morale. Notre unité s'intitule *Regards*. On se penche dans cette unité sur l'histoire de deux personnes qui ont un parcours de vie hors du commun. Donc, on apprend à connaître leurs cheminements, leurs perspectives sur la société pis la vie en général. Edward Roué, dans son reportage, s'entretient avec Henrik, c'est un jeune Franco-Ontarien qui s'est converti à l'islam. Donc, on l'entend parler de sa relation avec la spiritualité, puis on apprend ses perspectives sur divers enjeux politiques récents, nationaux et internationaux. C'est vraiment très particulier comme entretien, parce que c'est unique, mais c'est super intéressant de pouvoir avoir cette perspective-là. Pour Amélie Richard, dans son reportage, elle rencontre Maxime, c'est un jeune transgenre qui a accepté de lui raconter son histoire. Il explique son parcours de vie, ses difficultés à vivre selon les standards qu'on lui a imposés. Puis, il nous explique quelles sont les étapes qu'il a franchies pour se sentir mieux dans son corps. Et ça mène à une question : quel lien établiriez-vous entre le thème de cette unité et les reportages abordés et le film *Qu'est-ce qu'on a fait au Bon Dieu*?

Myriam : Oui, bon, le film est fort fort sur les différences. Il y a même un moment qui parle de religion. Bon donc, c'est Noël, la mère montre la crèche à ses petits-enfants, bon, c'est Jésus qui est né, na na na… C'est le sauveur, na na na… Et puis bon, les gendres juif et arabe font, lorsque la mère quitte, ils disent à leurs petits que c'est juste un prophète. Donc, il y a quand même un petit *clash*, mais bon, ils acceptent, mais on a quand même… c'est un renforcement de leur propre culture aussi. Donc, on peut voir que ça peut cohabiter ensemble sans être totalement différent. Il y a aussi l'aspect, donc, ils sont pas super religieux dans le film. On voit que bon, le prêtre, la représentation du prêtre c'est rigolo OK. Il est sur son *iPad* pendant les confessions à chercher des nouvelles aubes… Donc, on n'a pas tout à fait une représentation sérieuse de la religion. Donc, c'est assez spécial. La religion dans le film est pas autoritaire. Dans ce sens-là.

Raphaël : Bien je pourrais voir un lien, finalement, entre le désir de se connaître. Un, d'apprendre à se connaître, pis de se développer pis de s'épanouir en tant qu'individu, mais aussi le sentiment d'appartenance qui peut rentrer en jeu. Euh, dans le cas du film j'ai l'impression que, justement, le gendre essaie d'appartenir à la nouvelle famille, de plaire et de la même façon que la future mariée va essayer de plaire à sa nouvelle famille. Et je pense que ce concept d'appartenance là et de se joindre de façon, à des familles ouvertes. Ou du moins, ils essaient d'aller chercher l'ouverture d'esprit de leurs familles respectives. Donc, je pense que c'est un thème très très très d'actualité, pour ne pas dire énormément, comme présentement très présent, dans les nouvelles, dans tout ce qui se passe dans le monde. Alors, je pense que, finalement, c'est… bien, c'est très pertinent comme enjeu.

Jesse : Oui c'était bon, c'était bon.

Raphaël : Mais je pense que c'est très pertinent finalement.

Animatrice : Oui, c'est très pertinent. Est-ce qu'il y a d'autres enjeux ou euh… Est-ce qu'il y a des enjeux qui nous touchent en tant que jeunes, qui tournent autour un peu de ce domaine-là de la différence? Dans notre contexte à nous?

Jesse : Bien, si on pense contexte euh, de la francophonie, bien il faut penser que notre communauté est extrêmement diverse, qu'il y a des personnes qui sont pas nécessairement comme nous, mais qui font aussi partie de notre communauté pis si on commence à voir la communauté comme une famille, ben on peut faire des liens avec le film pis penser que, même s'il y a des différences parmi nous, on est quand même une famille pis une famille ça reste toujours une famille.

(Rires)

Myriam : Ah! C'est *cute*!

Animatrice : C'est vraiment une belle conclusion. Sur ce, bien je vous remercie d'avoir été là pour cette capsule. On se revoit bientôt.

UNITÉ 6
TRANSCRIPTION DOCUMENT DVD
« UN COUP DE MAIN », PAGE 111
PAR CHLOÉ DUPUIS – LA CITÉ COLLÉGIALE, OTTAWA

Guy Bellemare, bénévole, racontant une histoire : « Benjamin n'en peut plus d'attendre la fête costumée de ce soir »

Guy Bellemare partage son amour de la lecture avec un petit garçon de 4 ans, William, pour l'aider à réduire son anxiété. Guy est bénévole, maintenant à la retraite, mais consacre son temps au CHEO [Children's Hospital of Eastern Ontario] à titre de lecteur. Pour lui, c'est une occasion de faire une bonne action.

Guy Bellemare, bénévole : « J'aime l'interaction avec les enfants, et j'aime lire. Alors, c'est vraiment ça. Pour moi, c'est une bonne activité qui me sort de la maison et qui me réjouit personnellement de faire. C'est plus facile pour moi de donner mon temps que mon argent. »

Pour lui, le bénévolat c'est un emploi comme un autre.

Guy Bellemare : « La seule différence, c'est qu'au lieu d'être récompensé en argent, on est récompensé à l'intérieur. »

En faisant la promotion de l'alphabétisation comme élément important de la santé de l'enfant, Guy fait partie des 450 bénévoles qui consacrent leur temps au CHEO à longueur d'année.

Guy Bellemare : « Mon expérience préférée en fait, c'était une jeune fille. Elle était en douleur et je lui ai lu un livre trois ou quatre jours par semaine, dépendant de ce que je pouvais faire. Je venais ici à l'hôpital pour lire son livre et ça, ça m'a bien touché. »

Il n'est pas le seul qui donne de son temps. Les bénévoles de l'hôpital sont composés d'adultes et de jeunes étudiants qui cherchent à s'impliquer dans leur communauté.

Melanie Oostrom, bénévole au CHEO, 19 ans [TRADUCTION] : « Voir les enfants sourire, c'est vraiment génial dans le cadre du bénévolat. Tu comprends l'importance des bénévoles. »

Titi Tran, bénévole au CHEO, 19 ans [Traduction] : « J'aime vraiment rendre les enfants heureux, parce que quand ils sont ici, ils sont malades ou ils viennent de vivre une expérience traumatique. »

Comme une lumière qui brille dans la nuit, les bénévoles apportent une aide précieuse aux communautés du Canada.

Inspiré par l'histoire de sa grand-mère, une femme très impliquée dans sa communauté, le député néo-démocrate Jean-François Larose, de Repentigny, a déposé le projet de loi C-399, qui accorderait aux bénévoles un crédit d'impôt d'un montant pouvant aller de 500 $ à 1 500 $ au titre des frais de déplacement.

Jean-François Larose, député néo-démocrate de Repentigny : « J'aimerais mieux avoir une société qui est basée sur le don de soi que toute cette espèce d'énergie négative qu'on subit tous les jours. Les frustrations sont légitimes, les rancunes, le fait que les gens soient rendus... qu'il y ait une rancœur, mais en même temps, il y a toute cette énergie-là, malgré toute la frustration que notre communauté a, les gens font quand même beaucoup de bénévolat, vont énormément s'entraider. »

L'impact économique des bénévoles est important au Canada. En 2010, un Canadien sur deux a donné de son temps, ce qui représente 13,3 millions de personnes, 2 millions d'heures, et plus d'un million d'emplois à temps plein.

Jean-François Larose : « Comme société, nous, nous, et je dis bien nous, devons avoir une vision d'un meilleur demain. J'ai un fils de cinq ans et... »

Le don de soi et la compassion créent une flamme qui inspire les générations futures.

Guy Bellemare, racontant une histoire à un enfant : « Aussitôt qu'il a terminé... »

C'est par la lecture que les petits patients du CHEO apprennent des leçons de la vie. Grâce aux bénévoles, ils pratiquent les mois de l'année en attendant leur rendez-vous avec le médecin. Pour les plus vieux aussi, l'appui moral des bénévoles est important.

Martin Percival, patient [Traduction] : « Je crois que sans l'aide des bénévoles et des spécialistes de l'enfance, je me retrouverais enfermé dans ma chambre en train de m'ennuyer. »

Nanette Labelle, coordonnatrice ressources bénévoles : « C'est vraiment un engagement à long terme. Une relation qui se fait auprès de l'hôpital, les employés de l'hôpital, et aussi avec nos familles. Si nos patients restent à long terme, ça permet aux bénévoles d'avoir un cheminement pendant leur expérience aussi. »

Le bénévolat, c'est une vocation qu'on peut entreprendre très jeune au CHEO.

Sophie, une jeune bénévole de 16 ans, encourage la nouvelle génération à s'impliquer dans la communauté le plus tôt possible.

Sophie Faubert, bénévole au CHEO, 16 ans [Traduction] : « J'ai la chance de pouvoir faire partie de la vie de ces enfants. Je me sens comme si j'ai un impact dans leur vie. C'est quelque chose de magique et irremplaçable. Je ne peux pas retrouver ça ailleurs. »

Nanette Labelle : « Qu'est-ce qui est redonné en valeur humaine, il n'y a pas de prix, il n'y a pas de prix du tout. »

Journaliste : « Est-ce que vous vous voyez faire du bénévolat pour le reste de votre vie? »

Guy Bellemare : « Oui, tant que l'hôpital va vouloir de moi, j'y serai. Moi je suis ici, tant que ma santé me le permet, une fois que la santé va..., mon bénévolat disparaît. »

À n'en pas douter, le bénévolat représente plus qu'un simple coup de main, c'est un don du cœur. Un geste noble de la part de tous ces bénévoles, qui ne demandent rien, mais qui ont tout à donner à la société.

Chloé Dupuis pour La Cité, à Ottawa.

L'Université d'Ottawa offre un programme de zoothérapie à la communauté et aux étudiants qui voudraient réduire leur stress et leur anxiété. Un stress ancré dans la vie étudiante auquel le centre de santé de l'Université tente de remédier avec les chiens Rusty Bear et Sassy qui offrent gratuitement leur affection.

Un reportage d'Audrey Clément-Robert.

Sit Rusty Sit

Rusty Bear, n'est pas un chien comme les autres. Cet American Golden Retriever de 11 ans est un chien de zoothérapie. La zoothérapie, c'est un traitement où ce sont les animaux qui interviennent auprès des patients. Ça peut se faire avec des chiens, des chats, ou même des chevaux. Il s'agit de dresser un animal pour qu'il puisse travailler avec des gens qui ont peur des chiens, ou qui ont besoin d'être traités contre le stress et qui vivent des situations difficiles et angoissantes. Mais attention : ce ne sont pas tous les chiens qui peuvent remplir ce rôle.

Sylvie Lambert, zoothérapeute Ottawa Therapy Dogs : « Cette race de chien, c'est vraiment le chien idéal, moi je trouve, parce que le chien est très affectueux. C'est un mâle d'abord et les mâles sont archi-affectueux. Deuxièmement, ce qu'il fait, lui, c'est simplement il accepte qu'on le caresse. »

Les cours de dressage pour la formation des chiens de zoothérapie débutent seulement à l'âge de deux ans. Les chiens comme Rusty Bear sont dressés de façon sévère afin de pouvoir interagir autant avec les enfants qu'avec les personnes âgées.

Sylvie Lambert : « Il n'a pas le droit d'aboyer, il n'a pas le droit de gronder. Par exemple, s'il y a 2-3 enfants qui le serrent très fort dans leurs bras, il n'a pas le droit de faire de sons comme "grr" sinon il serait éliminé d'office. »

Le centre de santé de l'Université d'Ottawa offre maintenant un programme de zoothérapie. Le programme est offert à tous, mais surtout à la communauté étudiante. L'université s'est basée sur des études qui ont été faites aux États-Unis, études qui ont démontré que l'accès aux animaux et aux chiens en particulier réduisait le stress et l'anxiété chez les étudiants.

Au Canada, l'Université d'Ottawa est la seule à avoir un tel programme hebdomadaire de zoothérapie. Rusty Bear, les vendredis, et Sassy, les lundis, offrent gratuitement leur affection aux étudiants. Les étudiants de l'Université d'Ottawa voient dans la zoothérapie une occasion de socialiser entre eux et de décompresser.

Chloé, étudiante en science de la santé : « Je pense que c'est vraiment bien surtout dans le sens santé mentale, une journée vraiment chargée où tu viens de finir un examen ou tu as eu une longue semaine surtout les vendredis, de venir un peu décompresser et de pouvoir t'amuser avec les chiens qu'on a ici. »

Farkhonda Azimy, étudiante en science politique : « J'ai conscience qu'il y a beaucoup de monde qui sont stressés par rapport aux examens, aux midterms et aux finaux. Donc, c'est sûr que c'est quelque chose qui est vraiment, qui est là dans la vie des étudiants, on doit y faire face. Mais des programmes comme ça justement c'est bénéfique. »

Kristine Houde, gestionnaire, département Promotion de la santé à l'Université d'Ottawa : « On a nos fans qui viennent chaque semaine. On a des étudiants qui ont du stress et de l'anxiété qui savent que c'est une bonne façon de finir leur semaine avec Rusty Bear ou Sassy. Il y en a d'autres qui viennent juste un petit cinq minutes entre les cours. »

Murray Sang, directeur du service d'appui au service scolaire : « Certainement parce qu'il y a un besoin. Si vous avez regardé les journaux et tout ça, de voir qu'il y a une grande demande sur le campus avec la santé mentale. »

Pour le service de santé de l'Université d'Ottawa, il est important de rejoindre d'abord les étudiants de première année et les étudiants internationaux, considérés à risque côté santé mentale.

Kristine Houde : « C'est la première fois qu'ils sont loin de chez eux, c'est des étudiants de première année plus souvent. L'autre groupe d'étudiants qu'on vise, qu'on veut appuyer, c'est les étudiants internationaux pour la même raison. »

L'Université d'Ottawa offre une alternative simple avec son programme de zoothérapie aux étudiants qui veulent réduire leur niveau de stress. Un stress représenté par une hausse de la prise des antidépresseurs chez les étudiants de l'université canadienne depuis les deux dernières années.

Voix : « Hi guys come on in! »

L'an dernier, les antidépresseurs se classaient au deuxième rang des médicaments les plus réclamés au régime d'assurance de la fédération étudiante de l'Université d'Ottawa, après les contraceptifs oraux. Les paiements effectués par le régime d'assurance de la fédération étudiante pour les antidépresseurs ont atteint 120 000 $ en 2011.

David Menendez, étudiant en science politique [TRADUCTION] **:** « Je pense que quelque chose comme ça peut être vraiment dommageable pour ta santé. Comparé à des programmes comme celui-ci où tu peux interagir avec le chien de façon sécuritaire. »

Farkhonda Azimy : « Oui, je trouve vraiment qu'un programme comme ça, ça pourrait aider, puis même que j'encourage le monde de faire ça parce qu'on s'entend que ça ne coûte rien venir ici et puis les antidépresseurs je ne veux même pas y penser comment ça coûte. »

Le programme de zoothérapie de l'Université d'Ottawa pense à ajouter un chien de plus pour l'an prochain. Un troisième chien viendrait donc s'ajouter à Rusty Bear et Sassy. Ces gros toutous ne pourront peut-être pas arrêter la prise d'antidépresseurs sur le campus de l'Université canadienne, mais ils pourront contribuer à afficher un sourire sur le visage des étudiants.

Audrey Clément-Robert, La Cité, Ottawa.

Transcription « À l'affiche »
Quartet discute *La tête en friche*

(Musique)

Animatrice : Bonjour à tous! Bienvenue à notre capsule ciné. Aujourd'hui, on découvre *La tête en friche*. Pour nous en parler, on a Jesse avec nous. Bonjour Jesse.

Jesse : Bonjour.

Animatrice : Donc, raconte-nous l'histoire de *La tête en friche*.

Jesse : *La tête en friche* c'est un film français sorti en 2010. C'est l'histoire de deux amis, Germain et Margueritte, et c'est deux amis qui ne devraient pas être amis. Germain c'est un monsieur qui, euh, a pas vraiment de travail stable, qui a pas d'emploi, qui a pas vraiment d'ami, il a pas vraiment de famille. Je veux dire, il a quelques amis, mais ils rient de lui, je sais pas vraiment, il a pas vraiment une bonne communauté autour de lui. C'est un peu l'idiot du village, c'est un genre de personnage de même. Euh, Germain il a pas eu une bonne enfance non plus. Sa mère était quand même assez abusive émotionnellement, euh son beau-père était abusif physiquement, euh il a pas eu une bonne expérience à l'école non plus, euh son professeur au primaire se moquait de lui aussi, il était quand même assez abusif avec lui. Donc il a pas vraiment eu une bonne éducation, ni à la maison ni à l'école, donc il est pas cultivé du tout. Je veux dire, il est pas... il est pas vraiment capable de lire comme il faut, il est pas capable d'avoir de bonnes relations avec des personnes étant donné sa situation familiale... C'est une personne qui a beaucoup de problèmes au niveau social et au niveau culturel aussi. Et un jour, il est dans un parc, il rencontre Margueritte, qui est une femme âgée, qui est assise sur un banc et elle est en train de nourrir des pigeons dans un parc. Bon, après Germain s'assoit à côté d'elle pis il lui pose des questions sur les pigeons. Pourquoi vous les nourrissez ou des affaires de même. Après, ils commencent à parler, ils commencent à développer une amitié. Avec Margueritte, lui il commence à parler de la lecture, de la littérature, du monde des livres, des extraits de livres, ils commencent à lire ensemble. Puis après Germain et Margueritte commencent à se rencontrer d'une façon régulière, environ une fois par semaine à la même place, au même banc en train de nourrir le même pigeon, c'est... c'est... ils vont développer une belle amitié. Et à chaque semaine, Germain apprend quelque chose sur la littérature française, sur la littérature universelle à partir des extraits et des romans que Margueritte lui prête. Donc, Germain utilise qu'est-ce qu'il apprend à travers Margueritte pour améliorer sa situation personnelle. Donc, il apprend sur lui-même, il apprend sur l'univers, sur le monde, et il applique ça à ses relations interpersonnelles avec ses amis pis avec la communauté autour de lui. Il aide le monde à partir avec ce qu'il apprend. Donc, il donne des conseils à des personnes qui ont besoin de l'aide autour de lui à partir de… il cite des auteurs, il cite des livres qu'il a lus, donc il utilise vraiment qu'est-ce qu'il apprend avec Margueritte pour aider sa communauté. Euh, il apprend à mieux comprendre son passé, il l'aide à mieux comprendre pourquoi il est qui il est aujourd'hui. Il y a beaucoup de *flash-back* dans le film sur son enfance, sur sa vie avec sa mère et son beau-père chez lui quand il était enfant. Et on comprend plus pourquoi il est comme ça pis lui, en même temps que nous on comprend sur son passé pis son cheminement personnel, lui aussi il apprend sur lui-même. Donc, on apprend avec le personnage principal, puis je trouve ça vraiment intéressant. Euh, donc *La tête en friche* il y a trois aspects qui me paraissent vraiment intéressants. Premièrement, l'amitié. On voit que l'amitié peut être entre deux personnes qui n'ont pas vraiment le même profil, je veux dire c'est deux personnes complètement différentes et on voit qu'il y a vraiment une belle amitié, une vraie amitié, qui se forme entre les deux. Donc, je trouve que c'est un film surtout sur l'amitié. Aussi, c'est sur un film sur l'importance de la lecture et l'importance de la littérature. Qu'est-ce qu'on peut apprendre en lisant? Qu'est-ce qu'on peut apprendre sur… non seulement sur soi-même, mais aussi sur le monde qui nous entoure, sur les autres personnes autour de nous? Euh, et c'est aussi un film qui parle de se connaître, d'apprendre pourquoi on est qui on est, de mieux comprendre notre situation. Je trouve ça vraiment intéressant la façon qu'il construit l'histoire du personnage principal de Germain. J'ai vraiment aimé ça.

Animatrice : Super, très beau résumé.

Jesse : Merci!

Animatrice : Donc, c'est un film à recommander?

Jesse : Oui ! Absolument!

Animatrice : Oui? Super. Ça nous mène un peu à nous pencher sur le thème de cette unité qui est intitulée *Le temps c'est de l'or*. J'imagine que tu peux déjà faire quelques liens avec le film. Euh, dans cette unité-là avec les reportages présentés, on découvre des gens passionnés par l'entraide, qui donnent beaucoup de leur temps pour aider les autres. Dans le reportage de Chloé Dupuis, on se rend au centre hospitalier pour enfants d'Ottawa. Euh, on rencontre plusieurs bénévoles qui consacrent leur temps aux enfants patients de l'hôpital. On discute de leur motivation à donner des heures de bénévolat à ces enfants-là. On apprend ce que le bénévolat leur apporte personnellement pis on s'intéresse aussi à l'impact plus large du bénévolat dans la société. Donc, on va rencontrer quelques députés du parlement sur l'importance du bénévolat au Canada à l'échelle nationale. Le reportage d'Audrey Clément-Robert s'intéresse, quant à lui, au programme de zoothérapie de l'Université d'Ottawa. Elle rencontre les coordonnateurs et certains étudiants pour en apprendre plus sur les pouvoirs des animaux envers les humains. Donc, en termes de détente, en termes de gestion du stress, etc. Les coordonnateurs nous expliquent la science derrière la zoothérapie. On a plusieurs témoignages d'étudiants qui retournent au service parce que ça leur apporte beaucoup beaucoup de bienfaits dans leurs études et dans leur vie en général. Puis, on apprend aussi quel entraînement est accordé aux chiens qui sont le centre de cette zoothérapie-là. Donc, quelles sont les conditions pour qu'un chien soit un bon chien de zoothérapie, quelles sont les règles, etc. Ça me mène à vous poser la question : pouvez-vous penser à une situation semblable à celle du film et des reportages que vivent les jeunes d'aujourd'hui?

Raphaël : Bien je pense que, d'une part, on peut voir le don entre, euh, c'est Margueritte c'est ça? *(Jesse aquiesce)* Entre Margueritte et…

Jesse : Germain.

Raphaël : Germain oui, c'est ça. Donc, juste le don que Marguerite fait à Germain. Euh, c'est-à-dire un partage de quelque chose qu'elle aime, c'est-à-dire la littérature. Et on peut voir que ce don aide Germain, qui à son tour peut se servir de ces choses-là pour aider sa communauté. Donc, je pense que quand on regarde le bénévolat de nos jours, que ce soit des jeunes qui vont aider des infirmiers dans les hôpitaux, qui vont aider des physiothérapeutes, qui vont aider des cuisiniers, ils vont aider… peu importe le contexte de… de… C'est qu'ils apprennent, ils se font donner des ressources, des connaissances, avec lesquelles ils pourront ensuite aider d'autres gens pour une durée de temps presque indéfinie par après. C'est des ressources… c'est quelque chose qui ne se perd pas finalement. C'est presque comme apprendre à aller en vélo. On apprend une fois… ben ça prend… *(rires)* Ça prend quand même un peu de temps.
(rires)

Animatrice : Toi, ça t'a pris du temps?

Raphaël : À chacun son rythme *(rires)*. Mais tout ça pour dire que ça reste. Et c'est quelque chose qui peut être partagé un petit peu à perpétuité par après et donc, ça a un effet boule de neige qui augmente de façon exponentielle, parce que chaque personne qui apprend, peut aider d'autres gens à en apprendre et donc, voilà. C'est quelque chose, c'est très général, mais c'est ça. Pis finalement, tout le monde qui fait du bénévolat de nos jours, ça relate en fait, pis ça démontre l'importance du bénévolat, notamment en zoothérapie aussi. Si une personne découvre les bienfaits de la zoothérapie, elle peut partager cette expérience, elle peut partager ce qu'elle sait à ce sujet-là avec d'autres gens et démontrer au monde, en fait que, justement, la zoothérapie peut être utilisée pour une variété différente… euh… différentes situations.

Animatrice : Est-ce que quelqu'un ici a déjà eu recours au bénévolat ou a été bénévole lui-même?

Raphaël : Euh, oui. Pour ma part, en tout cas, j'ai fait des centaines d'heures de bénévolat, que ce soit au secondaire, que ce soit dans une… un centre de retraite pour des vétérans de la guerre ou encore pour accompagner des jeunes pour leurs expéditions X-Y là. J'en ai quand même fait beaucoup beaucoup et c'est unique, finalement. C'est vraiment unique comme expérience, parce que oui, il y a le partage au niveau du bénévolat et du temps, mais il y a tout ce qui se passe durant cette période de temps qui enrichit l'expérience de façon imprévisible et complètement, euh, gratuite, finalement. Donc, c'est du gain, le bénévolat, pour tous ceux qui sont impliqués.

Jesse : T'as mentionné l'effet, euh…, boule de neige, pis il faut aussi comprendre que l'effet boule de neige commence par une petite action. C'est pas nécessairement quelque chose d'énorme qu'on doit faire pour avoir un impact sur la vie à quelqu'un. Ça peut être quelque chose de très petit. Et souvent, le monde pense que le bénévolat c'est quelque chose… c'est vraiment beaucoup de travail, qui prend beaucoup de temps, pis faut… t'sais il faut vraiment s'y mettre pour y arriver. Mais, dans le fond, c'est des petites actions que tu peux faire à tous les jours qui, finalement, vont toutes s'accumuler pis vont faire une différence dans la vie de quelqu'un.

Myriam : Oui, je sais pas si vous avez déjà entendu parler du concept de « café suspendu ».

Jesse : Non.

Miriam : Je sais qu'on a ça au café Alt ici même à l'université.

Raphaël : Ah, oui oui!

Myriam : Dans le fond c'est quand tu achètes un café ou un breuvage, tu peux choisir de payer pour un breuvage d'extra pour une personne qui, plus tard, si sa carte de débit marche pas, si bon, elle a juste pas d'argent sur elle cette journée-là, s'il y a des sans-abri, des personnes, etc. ont besoin d'un café, ils peuvent voir le tableau en arrière. Ah OK, il y a deux thés suspendus dans le fond, deux cafés suspendus, est-ce que je pourrais en avoir un? Donc, ça je pense que boule de neige *(Jesse aquiesce)* les petites actions, si une journée bon, bon ouf, je me sens généreuse pour une raison ou une autre, t'sais je peux décider; OK, je vais « une sandwich suspendue ». Et la prochaine personne qui bon, est affamée, que sa carte de débit marche pas cette journée-là, euh, elle peut prendre sa sandwich là. *(rires)* Je pense… Je, t'sais on dit que les étudiants ont pas beaucoup de temps, on est occupés, pas le temps de faire du bénévolat, mais on peut faire ces petites actions-là qui, finalement, euh, peuvent vraiment faire la journée de quelqu'un.

Jesse : On n'a pas d'excuse.

Myriam : C'est exactement. On n'a pas d'excuse *guys*.

Animatrice : Personne a d'excuse. Super, sur cette note, on va terminer notre capsule ciné pour aujourd'hui. Merci à tous.

Myriam et Jesse : Merci!

Raphaël : Merci, bonne journée!

(Musique)

UNITÉ 7
TRANSCRIPTION DOCUMENT DVD
« SEULE POUR AIMER », PAGE 126
PAR KRYSTEL CHAURET – LA CITÉ COLLÉGIALE, OTTAWA

Julien rit à la table

Julien déborde d'énergie. À trois ans, il rit aux éclats et pleure de temps en temps, bref, il déplace de l'air comme plusieurs petits garçons de son âge. Rien ne laisse deviner que Julien est issu d'une famille monoparentale. Pourtant, sa mère est seule pour l'élever.

Isabelle Durand, mère monoparentale : « Moi j'trouve ça grave quand il faut que je rachète du linge... »

C'est à 26 ans qu'Isabelle a appris qu'elle était enceinte. Après cinq mois de grossesse, le père de son enfant décide de la quitter, sans laisser de nouvelles.

Isabelle Durand : « Ça va bien là »

Isabelle doit donc tout faire seule : préparer les repas, raconter les histoires et éduquer son fils sans l'aide du papa.

Isabelle Durand : « Moi j'ai vu ça comme un deuil, j'ai vu ça comme une défaite. C'est dur au début parce que tout ce que tu vois c'est les obstacles puis après ça à la longue tu vois le chemin, mais non, j'ai vraiment vu ça comme une grosse déception. »

Selon Statistique Canada, plus de 16 % des familles canadiennes étaient monoparentales l'an dernier. C'est une augmentation de 8 % par rapport à 2006. Plusieurs organismes et associations offrent divers services pour mieux servir ces familles.

Lynne Beauchamp, directrice générale de l'Association des familles monoparentales et recomposées de l'Outaouais (AFMRO) : « Oui nous offrons ces services-là »

Lynne Beauchamp est la directrice générale de l'Association des familles monoparentales et recomposées de la région, l'AFMRO. L'association a été fondée par une jeune mère monoparentale en 1993. Aujourd'hui, l'AFMRO vient en aide à plus de 1 500 familles monoparentales tant en Ontario qu'au Québec.

Le plus gros défi pour ces professionnels : encourager les parents et les enfants à se confier.

Lynne Beauchamp : « C'est d'aller les chercher, puis essayer de briser cet isolement-là chez les familles puis venir chercher de l'aide, c'est surtout ça qu'on a de la difficulté à sensibiliser les gens qu'on est là pour les aider, puis qu'aucun jugement n'est porté à leur égard. »

Isabelle Durand : « Tu te trouves déjà moins en ayant pas réussi que tu ne veux pas que le monde dise en plus que t'es pas capable de t'occuper de ton enfant toute seule. »

Julien : « Non, c'est Minnie »

L'association offre aussi du soutien psychologique aux enfants. Les enfants de familles monoparentales sont parfois plus susceptibles de développer certains troubles comportementaux.

Julie Benoit, professeur en éducation à l'enfance : « Bin c'est sûr que les enfants vont en vivre les conséquences donc on connaît ce qui arrive avec la pauvreté chez les jeunes enfants, malnutrition, retard de développement, sous-stimulation. »

Isabelle Durand : « Bin moi j'suis chanceuse, Julien n'est pas sauvage, il aime beaucoup les gens et tout ça, mais c'est un enfant qui est plus insécure, il a plus peur que je le laisse, que je l'abandonne. »

Un comptoir-partage et une friperie sont également à la disposition des familles dans les locaux de l'association. Les mamans peuvent se procurer des vêtements, des jouets et des livres à bas prix.

Lynne Beauchamp : « Donc le comptoir-partage ça consiste, dans le fin fond, d'apporter des jouets qui ne sont plus utilisés par leurs enfants, ou désuets ou ne font plus et on les échange par rapport à ça. Dans le fin fond, on veut faire un accueil très chaleureux, une ambiance très familiale qu'on est là pour l'ensemble de la famille. »

Isabelle Durand : « Tu vas faire des beaux rêves »

Isabelle Durand : « Le pire est au début pis après ça avec le temps on s'habitue à ce rythme-là, cette vie-là, ça sera jamais une vie parfaite. »

Julie Benoit : « Ce que l'enfant a besoin c'est d'amour, c'est d'encadrement, c'est d'appui. »

Isabelle Durand : « Est-ce qu'il fait encore mal? »

Isabelle Durand : « À un moment donné dans notre société va falloir qu'on fasse le choix de comprendre que, dans la vie, ça prend des efforts, pis qu'il n'y a rien qui vient facile. »

Même si la vie de mère monoparentale n'est pas facile, Isabelle essaie de rester optimiste pour l'avenir de Julien.

Krystel Chauret, La Cité collégiale, Ottawa.

Certains ont consacré leur vie au service militaire, d'autres l'ont laissée sur le champ de bataille. Plusieurs soldats ont simplement été blessés, mais d'autres ont payé le prix ultime. Certains ont perdu un camarade, un conjoint, un fils, un frère ou une sœur. D'autres n'auront pas la possibilité d'avoir leur père ou leur mère à leur côté. Pour Stéphanie Jauvin, sa crainte a toujours été de perdre son père.

Stéphanie Jauvin, fille de militaire : « C'était stressant, regarder ce qui se passait à la télévision. Et puis, on voyait que des gens décédaient et je savais que mon père était là et il y avait des bombes et puis toutes sortes de choses pouvaient arriver. Des fois, les enfants ont deux, trois ans. Et si le père ou la mère ne revient pas, ben, ils ne s'en souviendront pas de leur parent. C'est… c'est vraiment difficile. »

Au mois d'octobre, le Canada a perdu deux soldats dans des attentats terroristes, Nathan Cirillo, 24 ans, et Patrice Vincent, 52 ans.

Pour ses collègues du régiment de l'escadron 438 à Saint-Hubert, la lumière de Patrice Vincent s'est éteinte trop vite.

Bob Boucher, adjudant, escadron Saint-Hubert : « Le vendredi avant l'incident, avant l'accident, il était dans mon bureau et puis, on discutait qu'il était pour prendre sa retraite dans un mois. Et puis… Malheureusement, on a eu la mauvaise nouvelle. »

Depuis un siècle, plus de 100 000 soldats canadiens ont perdu la vie en service militaire. Plus de 1 500 pierres tombales occupent le cimetière national militaire, dans le quartier Beechwood, à Ottawa. Deux mille trois cents personnes ont réservé leur emplacement depuis 2001, et ce chiffre continue de grimper.

Manon Bourbeau, cimetière Beechwood : « La famille n'est pas obligée de faire les arrangements au temps du décès quand qu'il y a le deuil, et puis… Donc, on dit souvent que c'est un cadeau que les gens font à leur famille, à leurs enfants, de ne pas leur laisser ce fardeau-là. »

Lecture : « Nous sommes les morts… »

Même si le soldat n'est plus de ce monde, sa famille n'est pas seule. Les Forces armées canadiennes et le programme Anciens Combattants Canada offrent une indemnité de décès au conjoint survivant. Cette indemnité est de 301 000 $.

Jeune fille qui pleure devant un cercueil

Mais bien que l'indemnité aide financièrement la famille du militaire, le support moral est la meilleure façon de faciliter le deuil. Lorsqu'un militaire meurt ou est gravement malade, un membre de l'escadre est désigné accompagnateur. Son rôle est d'aider la famille en prévision des funérailles, achats de fleurs, réservation de l'église, organisation de la cérémonie. L'accompagnateur est là pour les proches, pendant un mois à temps plein, et demeure disponible à temps partiel jusqu'à un an après le décès. Une présence qui représente un gros soulagement pour la famille.

Kevin Whale, colonel, Forces armées canadiennes : « Pour la famille, d'avoir quelqu'un qui peut les soutenir durant tous les processus, c'est vraiment une ressource énorme pendant un temps tragique. »

Christiane Dubé, Anciens Combattants Canada : « Là, ils peuvent avoir de l'aide. Ils peuvent avoir du soutien financier, et on peut les aider à se rétablir. »

Canon tiré (explosion)

De l'aide est aussi disponible lorsqu'un soldat a été blessé sur le champ de bataille ou dans un accident au civil et qu'il ne peut poursuivre sa carrière de militaire. Le programme Sans Limites aide les soldats à se rétablir et à réintégrer la société. Le programme fournit les équipements, tels que des vélos stationnaires de réhabilitation, et organise des événements, tels que des tournois de golf et de hockey, pour que les soldats retrouvent un niveau de vie à peu près normal.

Greg Lagacé, gestionnaire, Sans Limites : « On a déboursé plus de 1,5 million pour l'achat de l'équipement et pour encourager les gens à faire un sport, que ça soit l'entraînement ou aller participer à des événements sportifs et récréatifs. »

Lecture : « We will remember them... »

Depuis la Guerre d'Afrique du Sud en 1899, près de deux millions de soldats ont servi pour le Canada. Sept pour cent d'entre eux y ont laissé leur vie, pour protéger les prochaines générations.

Nina Guy pour le collège La Cité, à Ottawa.

(Musique)

Animatrice : Notre capsule ciné d'aujourd'hui nous fait découvrir *Couleur de peau : miel*. Pour nous en parler, on a Raphaël avec nous. Bonjour Raphaël.

Raphaël : Salut!

Animatrice : Donc, raconte-nous l'histoire de *Couleur de peau : miel*.

Raphaël : Donc, *Couleur de peau : miel* c'est un film qui traite de Jung Sik-jun, c'est un Coréen né à Séoul durant les années 50, donc pendant la Guerre de Corée, et ça parle un petit peu de son parcours, suite à sa naissance. Parce qu'il a été abandonné très jeune et il a été mis dans un programme d'adoption, c'est-à-dire le « Holt Adoption Program ». Et euh, oh! juste une petite parenthèse avant de continuer, c'est une autobiographie de Jung Sik-jun. Et donc euh, suite à sa mise en adoption dans le programme d'adoption, il a été adopté par une famille belge et donc, c'est ça, on commence l'histoire où il se fait adopter et il voyage finalement, avec sa famille vers sa nouvelle maison. Il rentre dans le, dans le monde de cette famille-là pis ça… là à ce moment-là il est à peu près… c'est un jeune enfant. T'sais, il est pas bébé, mais il est un jeune enfant, pis il rentre dans cette famille. Il est le deuxième plus vieux de famille à ce moment-là avec un de ses frères qui est du même âge. Et donc, c'est ça, on suit un petit peu son développement un peu dans son enfance, son adolescence, et en tant qu'adopté on voit à quel point il y a beaucoup de difficultés qui s'ensuivent. Euh, notamment au niveau de l'appartenance, t'sais ils savent qu'il est différent. Il sait, il s'en rend compte lui aussi. Euh, pis c'est le petit asiatique de la famille finalement, etc. Euh, et ça fait en sorte que pour Jung, ben il doit apprendre. Il délaisse un peu sa langue maternelle, c'est-à-dire le coréen, pour aller vers euh… bien là je pense que c'est le flamand, sauf que le film est en français donc on va dire le français, pour la forme. Et donc, il oublie sa langue maternelle pour justement donner priorité à sa nouvelle langue d'adoption. Et euh, son… plus tard durant le film, sa famille adopte aussi une deuxième Asiatique. J'ose croire qu'elle est aussi coréenne et ça crée un sentiment de jalousie chez lui, parce que pour lui avant, c'était LE petit Asiatique de la famille. C'était LUI le Coréen, c'était LUI l'adopté si vous voulez, le mis à part. Donc ça crée une sorte de conflit intérieur pour lui, parce qu'il a de la misère à trouver sa place dans la famille, ce qui fait en sorte qu'il commence à, il fout le trouble un peu. Il a de la misère avec ses parents, peu à peu. Pourtant, il s'entend bien avec ses frères et sœurs quand même. Bon, il y a des accidents qui arrivent, etc. Mais, surtout avec sa grande sœur, qui développe une relation un peu plus proche, si vous le voulez. Et, dans le film on suit un peu… en suivant cette relation-là, on découvre que… il y a une sorte d'ambiguïté quant à ce que leur relation représente vraiment. Parce qu'ils ne sont pas vraiment frères et sœurs, mais en même temps, ils sont frères et sœurs. Et donc, euh, il embrasse sa sœur pour euh, bien en fait pour découvrir ce que c'est d'embrasser, finalement. Donc il y a toutes sortes de petites aventures comme ça qui se passent où est-ce que c'est des choses qui sont un peu étranges, présentées un petit peu étrangement. Et donc, il découvre le baiser, ou le fait d'aimer avec sa sœur. Ça s'arrête là, il y a pas de… rien de plus explicite, mais euh, bon, par la suite sa mère euh, sa mère adoptive et lui ont beaucoup de difficulté à voir, peut-être, les choses, euh, sur la même… avoir… à être sur la même longueur d'onde et ça crée beaucoup de conflits. Il va mentir à son père en faussant son bulletin pour essayer de lui plaire, parce qu'avec son père ça va quand même bien. Et, évidemment, il se fait prendre, et donc, voilà, ses parents sentent un sentiment de trahison. Ils sentent que c'est ingrat de sa part, etc. Donc, au fil des années, dans le film, il y a une sorte de tension qui augmente et de mal… ça devient malsain comme relation presque par moment. Et à un certain moment, il joue à un jeu avec ses frères et sœurs et ses parents lui disent que malgré tout, ils l'aiment quand même euh, quoique la tension demeure. On voit à quel point ça peut être difficile en tant qu'adopté de vivre et de continuer à vivre en tant qu'adopté en se sentant complètement séparé du monde sans se rattacher à une identité particulière. Finalement, il renoue ses liens avec sa famille et avec sa mère euh, vers la fin du film. Et tout au long du film, on voit des extraits euh… de lui en tant qu'adulte qui va chercher des histoires sur… ou de l'information sur, euh, son processus d'adoption, etc. Pour en apprendre plus un peu sur sa famille, sur sa mère, etc. donc ce qui l'a mené à être adopté. Donc, en gros, ça, c'est le résumé. C'est vraiment un résumé de la vie de Jung de sa jeunesse jusqu'au début de son âge adulte.

Animatrice : Et rapidement tes impressions sur le film?

Raphaël : Personnellement, j'ai trouvé que c'était extrêmement riche en thèmes, beaucoup beaucoup de thèmes notamment sur l'adoption, l'adolescence, l'identité, énormément. Le sentiment d'appartenance aussi. Le conflit intérieur qui se dit, où est-ce que je me mets? À quoi j'appartiens? Trouver sa place finalement. C'est quelque chose qui touche beaucoup d'adolescents, mais encore plus quelqu'un qui… un jeune adopté. Et ce qui est intéressant avec le film, ce que moi j'ai beaucoup aimé, c'est le fait qu'une très grosse partie du film est dessinée en animé 2D, 3D. Donc, on a des extraits vidéo, mais le gros du film est dessiné 3D et je pense que ça fait un très beau parallèle entre la passion que Jun avait avec le dessin et à quel point ça a été important pour lui le dessin.

Donc, ça rattache le dessin à son histoire. Donc, voilà, je pense que c'était très beau, une très belle touche artistique dans la conception du film.

Animatrice : Intéressant, c'est le premier film qui a un peu d'animation, je crois, dans notre sélection. Ça me mène à vous présenter le thème. Le thème qui s'intitule *Pour la vie*. C'est intéressant, parce que tu parlais de sa relation avec sa mère adoptive et sa mère, euh, comment il imagine sa mère biologique. Parce que ce thème-là s'intéresse aux familles qui doivent relever de grands défis. Krystel Chauret, dans son reportage, est invitée chez Isabelle, qui est une mère monoparentale. Isabelle lui confie sa vision de la monoparentalité, lui parle de ses moments les plus heureux, pis ceux qui sont les plus difficiles. Elle raconte son quotidien en tant que mère monoparentale, toutes les tâches qu'elle doit faire pour son enfant pis toutes les difficultés qu'elle éprouve en tant que mère monoparentale. Puis, on découvre aussi les organismes qui existent dans la région d'Ottawa-Gatineau pour venir en aide aux mères monoparentales. Le reportage de Nina Guy, quant à lui, explore l'univers de familles de militaires. Donc, on parle de militaires blessés en service ou même disparus en service. On apprend aussi quels sont les services disponibles pour ces familles-là quand un proche disparaît ou lorsqu'il est blessé. On a aussi le témoignage d'un des proches collègues de Patrick Vincent, qui est disparu en 2014, sur une base militaire au Québec. Donc, ce sont des reportages très touchants sur le thème de la famille. Ça me mène à vous poser la question : Quels liens établiriez-vous entre le thème de la famille, tel que présenté dans le film *Couleur de peau : miel* et les reportages que je viens de vous résumer?

Raphaël : Ben, y a un lien assez évident entre la disparition ou ce qui n'est pas là finalement, c'est-à-dire, dans ce cas-ci, ça pourrait être un militaire. Dans le cas de Jung c'était sa mère. Je pense que dans les cas de familles monoparentales, où encore là il y a une disparition, il y a un manque, il y a un vide qui s'instaure pour les enfants. Ça peut être très facile d'aller chercher ailleurs quelque chose, une façon de compenser, une façon de s'imaginer ce qu'ils pourraient avoir, ce qu'ils auraient. Et je pense que, comme Jung le découvre dans le film *Couleur de peau : miel*, ce qui demeure important c'est vraiment ce qui est là et non pas ce qui n'est pas là. C'est important de se souvenir, évidemment, de ce qui est parti, ou dans les cas de décès ou simplement de ce qui pourrait être là. Mais, je pense que pour Jung, en tout cas, ça a été vraiment important de retrouver sa famille adoptive, parce que finalement, même si ce n'était pas sa vraie famille, c'était là le plus proche de ce qu'il aurait pu avoir d'une famille.

Myriam : Moi je pense que dans toutes ces histoires, on voit que la famille c'est super important. Malgré les difficultés que chaque famille a, il y a quand même un sentiment de rapprochement par ces difficultés-là peut-être. Euh et puis que, finalement, il y a des services pour aider les personnes dans ces situations-là et puis que, finalement, l'entraide c'est, finalement ce qui est nécessaire pour qu'ils s'aiment.

Animatrice : (Rires) L'amour euh…

Myriam : L'amour règne.

Animatrice : L'amour règne.

Jesse : Oui, on revient au thème de la diversité dans la famille, donc euh…

Animatrice : Oui, oui c'est vrai. Avec l'unité *Regards*. L'unité 5.

Jesse : Oui en fin de compte, les familles, ça peut être n'importe quoi. Je veux dire c'est…

Animatrice : On peut choisir sa famille.

Myriam : Que tes sœurs biologiques peuvent être ta famille autant que tes frères et sœurs avec qui t'as été élevé. *(Raphaël acquiesce)* Et que finalement…

Jesse : Tes amis, ta communauté…

Myriam : Tes amis, ça peut être ta famille, oui. C'est beau.

Animatrice : D'accord, bien je vous remercie tous d'avoir participé, on se retrouve à une prochaine capsule ciné.

Raphaël : Merci bonne journée!

(Musique)

UNITÉ 8
TRANSCRIPTION DOCUMENT DVD
« SURVIVRE À LA RUE », PAGE 144
PAR GEENA HAMELIN – LA CITÉ COLLÉGIALE, OTTAWA

Musique douce

Il y a maintenant 4 ans que Jack erre dans les rues d'Ottawa. Ses problèmes d'alcool lui ont coûté son logis, sa femme et ses enfants. À 53 ans, sa seule préoccupation est de trouver de quoi manger. Les mains abîmées d'engelure et une vieille blessure au tibia ne font que dégrader sa santé. Les journées de Jack se résument à chercher des cigarettes et à arpenter les rues pour ne pas geler sur place.

Jack, itinérant : « J'ai passé la nuit à me promener parce que je n'ai pas de place à coucher. Hier soir, c'était bien froid, alors j'ai marché toute la nuit. Aujourd'hui, le soleil est là, donc je me promène et je ramasse des cannes, des "botchs" de cigarette et je vais m'acheter de la boisson et je bois. »

Alain, quant à lui, fréquente depuis 9 ans les centres d'hébergement.

Alain, itinérant : « S'il arrive des coups durs, un moment donné, il faut que tu t'assises à quelque part, faut que tu te vides et que tu le sors. Si tu ne le sors pas, c'est sûr tu vas tomber dans la consommation ou tu vas sauter la coche ou tu vas sauter en bas du pont. »

Ottawa comptait plus de 7 300 itinérants l'an dernier. Il s'agit de 300 de plus qu'en 2010. Selon une étude menée par Alliance pour mettre un terme à l'itinérance, la ville d'Ottawa échoue dans son aide aux sans-abri. Selon l'organisme à but non lucratif, la Ville d'Ottawa échoue dans trois catégories sur quatre. Pour le nombre d'individus itinérants, la Ville a obtenu un D +. Pour la durée moyenne d'un séjour dans un centre et le coût des logements, la Ville a obtenu un F. Par contre, la création d'unités abordables a obtenu un A avec 739 nouvelles résidences. Le conseiller de Vanier-Rideau, Mathieu Fleury, affirme que la Ville fait son possible pour aider les itinérants.

Mathieu Fleury, conseiller de Vanier-Rideau : « Tout le monde qui est sans-abri peut avoir trois repas ou plus par jour et puis un endroit pour dormir. Il n'y a personne qui va être laissé sur la rue. À la base, je ne dis pas que c'est exceptionnel comme service, mais on peut être rassuré que tout le monde ait un endroit pour dormir et de la bouffe. »

Plusieurs services sont offerts aux itinérants, tels que des refuges et des soupes populaires. Le Gîte Ami est un centre d'hébergement temporaire et de soutien pour les sans-abri. Le nombre d'hébergements a augmenté de six et demi pour cent l'an dernier. Les utilisateurs sont principalement des hommes âgés d'environ 45 ans. Pour les intervenants de ce centre, le plus important est de reconstruire l'estime de soi chez les itinérants.

Mélanie Girard, directrice des ressources humaines, Gîte Ami : « Ces gens-là, c'est des gens qui sont maintenant majoritairement exclus et ils ont fini par intérioriser cette exclusion-là. Intérioriser de rejet-là au point où eux-mêmes ont l'impression qu'ils ne pourraient pas faire mieux, qu'ils ne valent pas plus. »

Alain : « Ils disent ah! la pauvreté ah! la pauvreté, mais ils ne font [rien] pour aider personne. C'est beau des paroles, mais les paroles s'envolent et les écrits restent. »

Jack : « Le gouvernement, qu'il nous aide. Ça serait bien apprécié. »

Mais pour Jack et Alain, c'est l'espoir d'être entendus qui les garde au chaud.

Geena Hamelin, La Cité collégiale, à Ottawa.

Transcription document DVD
« Du cœur au ventre », page 150
par Olivier Caron – La Cité collégiale, Ottawa

Chaque mois, Roxanne Desmarais prépare elle-même dans son sous-sol 350 lunchs destinés aux jeunes. Roxanne n'a que 14 ans, mais elle démontre une grande maturité. Elle n'avait que neuf ans et déjà, elle voulait aider sa communauté. Elle a décidé de s'impliquer en créant un projet de « Dîners-dépannage ». Lorsque Roxanne a vu que l'aide qui était offerte dans le temps des fêtes aux familles dans le besoin cessait au mois de janvier, elle a voulu changer les choses.

Roxanne Desmarais, fondatrice des Dîners-dépannage : « Je trouvais ça un peu plate qu'à Noël on ramasse beaucoup beaucoup de denrées pour les gens qui sont plus défavorisés, et qu'après, tout le monde arrête. Je trouvais ça vraiment triste alors j'ai décidé de continuer après, de faire des paniers, et ça s'est transformé en boîte à lunch. »

Les « Dîners-dépannage » permettent à des centaines de jeunes d'être assurés d'avoir quelque chose à manger lorsqu'ils se présentent à l'école. Quand tout a commencé, Roxanne s'est aperçue qu'il y avait un grand besoin dans son école et elle trouvait triste de voir que plusieurs enfants et adolescents n'avaient rien à se mettre dans le ventre sur l'heure du dîner.

Roxanne Desmarais : « Il y a plusieurs personnes dans mon école qui n'avaient juste pas de dîner ou qui avaient comme plus de misère financièrement. Quand j'arrivais des fois à l'école, il fallait que je donne la moitié de mon lunch à mes amis parce qu'ils n'avaient pas de lunch. »

Roxanne fait depuis longtemps du bénévolat ici à la banque alimentaire la « Manne de l'île ». L'organisme a même fait d'elle sa porte-parole officielle il y a trois ans, et a décidé de s'impliquer dans son projet de « Dîners-dépannage ».

Lorsque le directeur de la « Manne de l'île », Richard Denis, a entendu parler du projet de la jeune fille, il n'a pas hésité et est tout de suite entré en contact avec ses parents. Ils sont aussitôt devenus partenaires et la banque alimentaire a commencé à fournir la nourriture nécessaire à Roxanne. Ce qu'il a bien aimé de son projet, c'est qu'il permet de venir en aide directement à l'enfant dans le besoin.

Richard Denis, directeur de la Manne de l'île : « On est pas ici pour juger, on est ici pour aider. Il y a beaucoup de personnes qui disent "t'aides la mère, la mère a fume, la mère a boit, la mère a prend de la drogue", au moins cette manière-là, ça va à l'enfant direct. C'est pour ça que j'aime ça, on aide vraiment la personne qui ne mange pas. »

Pour Roxanne, la contribution de la « Manne de l'île » lui a permis de faire encore plus de dîners par mois, et ainsi, aider encore plus de jeunes.

Roxanne Desmarais : « À chaque fois que je fais un dîner, je me dis "ah ça aide une personne, ah! ça aide une autre personne, ça aide une autre personne", donc quand j'en fais beaucoup je me dis que ça aide plein de monde, alors je me sens toute comme fière un peu. »

Les dîners que prépare Roxanne sont distribués dans 24 écoles primaires et secondaires de la Commission scolaire des Portages-de-l'Outaouais.

Jean-Claude Bouchard, directeur général de la Commission scolaire des Portages-de-l'Outaouais : « On est entré en contact avec l'ensemble des directeurs et des directrices des écoles leur demandant les besoins. Ça a démarré lentement. À chaque fois, il y avait tant de repas qui étaient envoyés à l'ensemble des écoles, mais c'est en croissance constante. »

D'autant plus qu'un jeune qui se nourrit bien apprend bien.

Jean-Claude Bouchard : « Le fait d'avoir mangé, le fait d'avoir le ventre plein, ça prédispose à l'apprentissage. »

Roxanne s'est même vu décerner le 19 novembre, la médaille du gouverneur général du Canada pour l'entraide, ce qui est remarquable pour une jeune fille de seulement 14 ans.

Roxanne Desmarais : « J'étais vraiment fière de moi parce que ce n'est pas tous les jours qu'on reçoit ça. Je pense que je suis la plus jeune aussi, donc j'étais vraiment fière et ça donne comme un encouragement un peu pour me dire que ça compte vraiment. »

Richard Denis : « Comme le matin qu'elle a eu, le matin que j'ai entendu qu'elle a eu la médaille du gouverneur général, ça m'a, comment je dirais ça, touché au cœur. »

Roxane Desmarais : « Je fais de la couture, je fais du bricolage, je fais de la peinture… »

Roxanne Desmarais pense déjà à la suite de son projet qu'elle ne veut pas voir s'arrêter.

Roxanne Desmarais : « C'est sûr que je veux continuer le plus longtemps que je peux, mais un jour, il va falloir que j'arrête et mon but, ce serait qu'il y ait d'autres personnes qui soient comme moi, qu'ils m'aient comme copiée pour que quand moi j'arrête, le projet n'arrête pas. »

En cinq ans, les dîners-dépannage ont permis à plus de 3 000 jeunes de bien manger. Tout ça grâce à Roxanne, qui a du cœur au ventre.

Olivier Caron, La Cité collégiale, Gatineau.

(Musique)

Animatrice : Notre capsule ciné aujourd'hui nous fait découvrir *Le Havre*. Pour nous en parler, nous avons avec nous Myriam. Bonjour Myriam.

Myriam : Bonjour.

Animatrice : Donc, raconte-nous l'histoire du film *Le Havre*.

Myriam : Euh, d'accord. Donc, c'est l'histoire de Marcel Marx qui habite dans la ville du nom de Le Havre avec sa femme Arletty. Lui, c'est un cireur à chaussures, mais il n'est pas très bon et il ne gagne pas beaucoup d'argent, donc il vit modestement. Et puis donc un jour, sa femme tombe malade et elle doit passer un séjour à l'hôpital pour des traitements. Donc, Marcel est à la maison, il est assez inutile seul je dirais, assez maladroit, il s'ennuie de sa femme, etc. Par hasard, il va rencontrer un jeune qui a voyagé de l'Afrique par comme un truc de cargo, finalement. Donc lui, il est avec sa famille, on le découvre, ils réussissent à s'échapper. Il s'enfuit dans la ville et puis c'est Marcel qui va le croiser par hasard, qui va lui offrir un sandwich, etc. Donc ce jeune-là, il va revenir à la maison avec Marcel. Il va le suivre et puis Marcel va décider de l'aider. Tout ça n'est pas clair exactement. C'est pas très explicite, parce que c'est un film un peu à l'Albert Camus, comme *L'Étranger*. Donc, les gens sont un peu dépourvus d'émotions fortes. Les gens parlent très lentement, il y a beaucoup de moments morts où ce qu'il y a pas grand-chose qui se passe dans le film. Donc, c'est très lent, dans le fond, l'action, et puis donc Marcel va utiliser ses voisins, donc l'épicier et puis la boulangère, pour l'aider à cacher le jeune, pour le nourrir, etc. Donc, finalement, le jeune il est recherché par les autorités françaises, on va le cacher, on va même organiser un concert-bénéfice pour amasser de l'argent pour pouvoir l'envoyer en bateau, parce que son but c'est de se rendre à Londres où est sa mère en ce moment. Donc, le jeune s'appelle Idrissa et puis lui, il a bon, peut-être dix-douze ans, il est assez jeune. Il parle pas beaucoup, bien il parle français en fait, mais il est juste pas très *jaseux* et puis donc, il va accepter que les gens l'aident pour traverser la Manche pour aller à Londres rejoindre sa mère. Donc, il va accepter qu'on l'aide. Pendant tout ce temps-là, il y a un commissaire qui va faire une enquête policière auprès de tous les gens du village. Il va aller interviewer la boulangère, la barmaid, etc. On croit, dans le fond, pendant tout le film, que lui il essaie d'attraper Idrissa. C'est normal, parce qu'il est policier. Finalement, à la fin, c'est le commissaire qui va aider Marcel et Idrissa avec leur fuite. Donc, on est comme surpris par ce tournant. Bien en tout cas, moi je l'étais. Parce qu'on pense bon, il est toujours avec un regard noir, il est sérieux, jamais de la vie il va l'aider. Mais finalement c'est ce qui se passe puis donc, Idrissa part pour Londres. Et puis, un tournant aussi à la fin, la femme de Marcel, bon, on arrive à l'hôpital, sa chambre est vide, son lit est défait… On pense qu'elle est morte. Finalement, elle est guérie miraculeusement, on a aucune idée pourquoi *(rires)* et puis elle retourne à la maison avec son mari et tout est bien qui finit bien. Moi j'ai vraiment détesté le film *(rires)*. Je vous raconte ça avec enthousiasme, mais vraiment, c'était un film assez, assez lent. J'avais l'impression que ça allait pas nulle part, les personnages avaient pas de l'air très passionnés. On sentait que c'était comme une pièce de théâtre mal faite, dans le sens que les personnages étaient trop articulés. Leur débit était lent, c'était pas du tout, du tout mon genre. C'était comme juste sombre, sans émotion… Il y a une partie vraiment où, il y a une chanson qui est jouée pis au lieu de montrer juste un extrait pour faire joli, on a vraiment toute la chanson, qui est bien trop longue. Je sais pas, ça *feelait* comme faux, comme histoire. On dirait que les choses arrivaient trop par hasard, trop parfaitement aussi. Pis non ça finit sombre, on comprend pas trop ce qui se passe. Non, j'ai pas trop aimé. Je vous le recommande pas. *(Rires)*

Animatrice : Un point positif au film, est-ce que l'histoire est inspirante? Est-ce que… tu disais que la fin était surprenante.

Myriam : Oui la fin est surprenante euh, ça c'est sûr. J'ai quand même aimé l'idée bon, que, on va quand même aider l'enfant qui est déporté qu'on connaît pas. On connaît pas son histoire, mais Marcel le prend quand même chez lui, tout bonnement, et puis il va l'aider sans même le connaître. Il va faire des efforts, il va aller rencontrer son grand-père à Calais dans le nord de la France, il va aller chercher des informations… Donc, il y a quand même de bons aspects, mais bon, c'est comme une esthétique des années 90, qui est pas du tout ce à quoi je réponds. Bon, *(rires)* je sais pas, c'était très à l'ancienne, bon la femme qui fait le ménage pour son mari. Ironiquement, c'est elle qui cire ses chaussures. Euh ouais.

Animatrice : Ah! drôle d'ironie.

Myriam : Donc, c'est elle qui fait le repassage pendant qu'il dort, euh les gens fument à l'intérieur, mais ça c'est français… Donc, il y a, on dirait qu'il y a pas grand-chose qui se passe, mais en même temps, il y a une grosse chose qui se passe. Je sais pas si vous comprenez.

Animatrice : Oui.

Myriam : Mais, dans le fond, le film aurait pu durer une demi-heure et être aussi bon *(rires)* que l'heure et demie que j'ai passée, à cause des moments morts finalement, entre les scènes, les gens qui se regardent, qui sont l'un à côté de l'autre, mais qui se disent rien… Donc *(rires)*…

Animatrice : Wow, donc une critique virulente. Merci Myriam. *(Rires)*

Myriam : Ah! bien ça me fait plaisir.

Animatrice : Ça nous mène à décrire un peu le thème 8, qui est *Sans toit, mais avec toi.* Donc, sans toit T-O-I-T, mais avec toi T-O-I. Ça présente le témoignage de personnes démunies et celui d'une jeune francophone qui est motivée à aider ses collègues en difficulté. Euh, le reportage de Geena Hamelin nous amène à découvrir la vie d'hommes sans domicile d'Ottawa. Ils partagent avec elle leur routine, leurs besoins, leurs souhaits pour la société, ce qu'ils aimeraient voir être amélioré pour eux, pour leur euh, pour améliorer leur vie. Geena Hamelin rencontre aussi des intervenants de centres pour personnes sans domicile, qui expliquent comment les travailleurs aident les personnes itinérantes. Quelles sont leurs méthodes, quelles sont leurs ressources, qui les aide à aider? Pour ce qui est du reportage d'Olivier Caron, il nous présente Roxanne. C'est une jeune francophone de l'Outaouais qui est très dynamique. Elle prépare des repas pour des jeunes défavorisés des écoles de l'Outaouais. Donc, des petites boîtes avec des éléments de repas qu'elle récolte par des dons, puis ensuite, elle les redistribue. Jusqu'à vingt-quatre écoles primaires et secondaires ont reçu ses boîtes à lunch, puis elle a aidé, on estime jusqu'à 3 000 jeunes au moment du reportage. C'est vraiment très impressionnant. Son initiative lui a valu la médaille du Gouverneur général du Canada alors qu'elle était âgée de seulement 14 ans.

Raphaël et Jesse : Wow!

Animatrice : Donc, très impressionnant.

Myriam : On a du retard là.

(Rires)

Animatrice : On a du retard oui! Euh, donc je me questionne à savoir, est-ce que vous, vous pouvez parler d'une situation semblable qui touche les jeunes d'aujourd'hui?

Myriam : Bien je pense qu'en ce moment, la grosse question d'actualité c'est l'arrivée des Syriens. Donc, je pense que ça, ça peut quand même nous ouvrir le cœur, je dirais, à quand même aller voir qu'est-ce qu'on peut faire pour les aider. Je sais qu'il y a des places par chez nous qui demandaient des bicyclettes pour les nouveaux arrivants syriens. Un moment donné, ils ont dit : « Arrêtez de nous en donner. On en a reçu tellement ». Donc, c'est juste le fun de voir que t'sais, les gens peuvent aider par différents moyens. Je pense que juste le personnage d'Idrissa, qui est jeune, on sait qu'il y a beaucoup de gens qui sont arrivés au Canada, parmi les réfugiés syriens, sont des jeunes enfants. Donc, ils demandent pour l'année scolaire qui commence des sacs d'école avec des fournitures scolaires, donc je pense que ça peut quand même juste nous inspirer à faire ces actions-là, comme on parlait dans l'autre unité. Et puis, euh, mais il faut pas non plus oublier les gens qui sont ici parmi nous. Les étudiants, qui étudient, mais qui ont de la misère financièrement aussi. Je pense qu'il y a ce côté-là de la médaille aussi.

Animatrice : Plus près de nous.

Myriam : Oui.

Raphaël : Pour ma part, je pense que, euh, il y a un point important qui est peut-être parfois oublié ou négligé. C'est le fait que, même si dans les nouvelles, etc. on démontre beaucoup de situations de crise, beaucoup de situations où, finalement, les gens sont dans un état critique, les gens peuvent aider. Mais non seulement ça, mais il y a beaucoup de gens qui veulent aider aussi. Je pense que c'est cette volonté d'aide qui n'est pas souvent représentée, reprise par les médias. Que ce soit dans les affaires syriennes ou si on regarde, par exemple, on va en parler très brièvement, la politique américaine, où il y a beaucoup de controverses, énormément sur la séparation, la haine, etc. Mais finalement, ce n'est qu'une minorité des gens qui pense comme ça et pourtant, c'est une sorte de représentation qui est peinturée sur une très grosse partie de la population, alors que ce n'est pas vrai. Et cette volonté d'aider là est présente un peu partout et je pense que c'est une belle chose à voir aussi dans un film tel que *Le Havre* même si c'est un peu morne. Mais c'est une très belle volonté qui est aussi très présente et non pas seulement dans un film, mais vraiment dans notre quotidien.

Jesse : Oui, surtout parmi les jeunes. Je veux dire, les jeunes veulent aider aussi pis les jeunes sont capables d'aider. Pis euh...

Animatrice : Ça le prouve avec Roxanne, oui.

Jesse : Pis souvent, on a tendance à penser que les jeunes sont lâches ou qu'ils travaillent pas, ils veulent pas, mais vraiment c'est pas vraiment le cas. C'est pas vrai je veux dire, les jeunes veulent aider, pis il faut… t'sais il faut s'en rappeler.

Myriam : Dans le fond, faut juste qu'ils aient une idée ou les… pas les moyens…

Raphaël : Les outils.

Myriam : C'est ça, exactement, les ressources parfois. *(Raphaël acquiesce)* Euh…

Raphaël : Oui il faut les encourager aussi.

Myriam : Il faut juste les emmener, parfois il faut les conduire.

Raphaël : Ouais! *(rires)*

Myriam : Ils sont encore jeunes. Et je pense que, ouais, il y a beaucoup de potentiel pis c'est, comme tu disais Raphaël euh, on voit souvent ce qui se passe, mais il faut pas oublier qu'il y a des gens derrière qui sont en train d'aider. À chaque situation de crise, il y a des gens, la Croix-Rouge, etc. qui sont là et puis c'est représenté dans le film aussi. Que même quand la police arrive pour les déportés dans le cargo, mais la Croix-Rouge est là et c'est les premiers qui vont aller voir les personnes, voir si elles sont correctes finalement, après un voyage de trois semaines. Donc, on voit quand même cet aspect-là. C'est très petit, mais dans un film de ce genre c'est très important, je pense, aussi.

Animatrice : C'est intéressant comment les intervenants de la Croix-Rouge, on dit : « Oh! c'est plus petit! » Pis c'est vrai, parce que c'est pas comme une politique entière qui est instaurée, mais chaque personne qui aide une personne, ça fait une énorme différence. C'est la vie entière d'une personne qui est changée, donc c'est… Comme Roxanne, qui préparait les repas pour, on dit, jusqu'à 3 000 jeunes… Ces 3 000 jeunes-là avaient le ventre plutôt plein pour leur journée à l'école. Elle l'a fait seule avec l'aide de certains organismes, mais à elle seule elle a eu cette initiative-là. Si plus de jeunes pouvaient réaliser leurs initiatives, comment on pourrait peut-être venir en aide à plus de personnes itinérantes ou… donc euh…

Raphaël : Ça fait un beau lien avec l'unité 6 *La tête en friche* pis le bénévolat là *(les autres approuvent)* la discussion qu'on a eue à ce sujet-là.

Animatrice : Quel lien est-ce que vous pouvez faire avec ça?

Raphaël : Bien justement, c'est que, encore une fois, c'est des gens qui donnent de leur temps, qui changent la vie des autres et qui font l'effet boule de neige dont on avait parlé justement. Donc, ils créent une chose. Qu'ils donnent une collation, qu'ils donnent, peu importe, mais qu'ils fassent la journée de quelqu'un d'autre ou qu'ils les aident à continuer et je pense que ça se reflète et ça se revoit, encore une fois, très bien dans cette situation-ci.

Animatrice : Oui, tout à fait.

Myriam : Oui, puis je pense que, juste le petit geste, ça peut tellement faire la différence. Surtout pour les gens qui arrivent dans un nouveau pays. Ils sont complètement perdus. Qu'on leur achète un peu de linge, qu'on les abrite, ça peut tout faire la différence.

Raphaël : Des petits gestes aux grandes répercussions.

Jesse : Exactement.

Animatrice : Wow!

Myriam : Ça va être notre slogan.

Animatrice : Oui. Là-dessus, on va se quitter pour cette capsule ciné. Merci à tous.

Raphaël, Jesse et Myriam : Merci, bonne journée!

(Musique)

Érika Fortin, 18 ans d'Ottawa, travaille dans une résidence étudiante pour payer ses dépenses, mais surtout ses dettes, qui atteignent déjà plus de 8 000 $.

Érika Fortin, étudiante endettée : « Qu'est-ce que j'ai à payer? Mes assurances de char, mon épicerie, le gaz pour mon char, mes assurances-habitation, mon loyer et tout ce qui est relié à mon cours. Des fois, aussi, ça te tente de sortir, veut veut pas. »

Karine, 23 ans, qui ne veut pas apparaître à la caméra, a vécu une histoire semblable à celle d'Érika. Sauf que ses dettes ont atteint plus de 20 000 $ à un certain moment.

Karine, femme endettée : « Oui, j'ai *loadé* mes trois cartes de crédit, ensuite ma marge de crédit et c'est quand que j'ai voulu aller faire un prêt à la banque que je me suis rendu compte à quel point je m'avais enfoncé. »

Journaliste : « Est-ce qu'ils ont accepté de faire un prêt? »

Karine : « Non. En fait j'ai fait le tour de pas mal toutes les banques et ils m'ont tous refusé. »

Les deux jeunes femmes ne sont pas seules à vivre dans cette situation financière difficile. Les ménages canadiens sont endettés en moyenne de 163 %. Pour chaque tranche de 1 000 $ gagnés, c'est 1 630 $ qui en sont dépensés. Et cette tendance à l'endettement est confirmée par l'Agence de la consommation financière du Canada (ACFC).

Natasha Nystrom, agente de communications ACFC : « On remarque avec les dernières statistiques de Statistique Canada que oui le niveau de l'endettement des ménages canadiens est grimpant, est à la hausse. C'est une hausse de 35 % sur cinq ans, expliquée par le fait que les gens consomment de plus en plus. »

François Leblanc, planificateur budgétaire : « Tu fais le tour d'un appartement ou d'une maison et le nombre de *bebelles* et de *gadgets* qu'il y a là-dedans, qui n'existaient pas il y a 15 ou 20 ans; on parle d'informatique ou d'un micro-ondes ou justement un cinémamaison. Là où il y avait une auto, il y en a deux. Le coût de la vie aussi a augmenté, mais surtout je dirais le standard de vie. Donc, là où les gens pouvaient vivre avant avec un seul salaire dans la maison, aujourd'hui ça en prend deux. »

Érika Fortin : « Ça fait peur, surtout quand tu le vois concrètement. Tu es comme, *fudge* t'es dans la *marde*. »

Il est facile de tomber dans le panneau et de s'endetter. L'arrivée de compagnies de crédit étrangères comme Capital One, a facilité l'accès au crédit, spécialement pour les gens plus à risque. Et c'est sans parler des cartes de crédit de fidélisation comme celle du Canadian Tire, ou de Sears qui s'obtiennent, en quelques clics sur Internet. Une facilité d'accès qui ne surprend pas les conseillers budgétaires.

François Leblanc : « Moi quand j'ai commencé à Entraide Budgétaire, ça fait juste une douzaine d'années déjà, on vivait vraiment cette explosion-là au niveau de l'offre des cartes de crédit. On était loin du temps où il y en avait juste deux ou trois. »

Si vous êtes endettés, sachez que plusieurs solutions s'offrent à vous. Des organismes comme Entraide Budgétaire Ottawa sont là pour encadrer et aider les gens qui ont des problèmes d'argent. Il n'est jamais trop tard.

François Leblanc : « Tu ne peux qu'avoir l'opportunité de faire mieux que ce que tu faisais avant. Non il n'est jamais trop tard, car même à 50 ans il te reste encore peut-être 25 ans de vie à faire. »

La première étape pour s'en sortir, se faire un budget. Pourtant, seul un Canadien sur deux se donne la peine d'en faire un.

Natasha Nystrom : « Donc c'est important de se faire un budget justement parce que ça nous permet de vraiment voir au cours d'un mois, d'une semaine, d'un mois où on dépense notre argent. Donc est-ce que c'est le petit café par jour qui, à 1,50 $, après une année totalise un 400 ou 500 $ de café versus peut-être apporter son café. Donc ça permet de vraiment voir là où on dépense et où on pourrait économiser notre argent. »

Karine s'en est fait un et c'est ce qui l'aide à s'en sortir tranquillement. Ses dettes ont déjà beaucoup diminué et ça continue.

Karine : « Ça dépend des jours, ça dépend des semaines, mais… J'ai des bas, j'ai des hauts, mais je me reprends en main. »

Érika a décidé elle aussi d'entreprendre son propre budget. Elle évite donc ainsi de se retrouver elle aussi avec « la corde aux coûts ».

Jérémie Bergeron, La Cité collégiale, Ottawa.

Chant : Ô Seigneur dans le silence…

Les chants de l'église adventiste d'Ottawa donnent du baume au cœur à Rénette. Arrivée au Canada avec son mari et ses enfants, il y a quatre mois, cette Haïtienne aime aller à l'église pour se ressourcer parmi les gens de sa communauté. L'église, pour elle, est comme une famille.

Rénette Beaubrun, nouvelle arrivante : « Famille qu'on retrouve ici à Ottawa, d'autant plus qu'on ne connaît pas grand monde, vous savez. Quand on vient ici, on vous accueille chaleureusement, c'est vraiment une seconde famille que vous avez. »

Rénette Beaubrun : « C'est un repas traditionnel haïtien! »

La décision de venir au Canada n'a pas été simple pour Rénette et son mari Kerby. C'est après le tremblement de terre qui a secoué l'île en 2010 que le couple a décidé d'entamer la procédure d'immigration afin d'offrir un meilleur avenir pour leurs enfants.

Kerby Beaubrun, nouvel arrivant : « C'est garantir, en quelque sorte, l'avenir de nos enfants ici. C'est peut-être pourquoi, c'est pas peut-être, c'est pour cette raison que j'ai choisi de venir pour les enfants, pour leurs études surtout. »

Bip, bip, bip (fauteuil roulant sortant de l'autobus)

Mais tout ne roule pas comme sur des roulettes pour Rénette. Car en plus d'avoir tout laissé à Haïti, elle a dû s'adapter au climat et doit se retrousser les manches pour commencer sa nouvelle vie au pays de l'hiver.

Rénette Beaubrun : « On a dû tout laisser pour venir ici, marcher sur la neige, attendre l'autobus, manquer l'autobus, courir derrière l'autobus. C'est pas facile! »

Chaque année, l'Ontario reçoit près de 100 000 immigrants, près de 4 % d'ente eux sont francophones. En plus de la nécessité d'apprendre l'anglais, ces nouveaux arrivants ont du mal à se faire reconnaître leurs compétences et à intégrer le marché du travail.

Kerby Beaubrun : « Mon diplôme d'études, c'est évalué à 5 ans d'études d'ici. »

Même s'il est ingénieur informatique, Kerby doit repasser par la case « école » pour retrouver un travail de même valeur que son travail précédent. Il ne comprend pas pourquoi ses compétences d'ingénieur ne sont pas reconnues.

Kerby Beaubrun : « Pour nous des professionnels immigrants, c'est vrai, Canada c'est Canada, c'est un grand pays par rapport à mon pays, c'est vrai, mais on a les mêmes quotients intellectuels, on est des professionnels. On a été dans des grandes universités également. »

Bruit, centre commercial

Pour Rénette aussi, ancienne secrétaire administrative, trouver du travail au Canada est un véritable chemin de croix.

Rénette Beaubrun : « Je ne fais qu'attendre, j'attends de trouver le moment, alors, le moment où on voudra bien m'appeler, parce que je postule tous les jours. Il n'y a pas un jour qui passe sans que je ne postule pour un poste, donc voilà, j'attends. »

Selon ce conseiller d'orientation auprès des immigrants, il n'y a pas d'autres solutions que de recommencer tout à zéro.

Guillaume Mulinbwa, conseiller en orientation : « Il a tout ce qu'il avait comme expérience, mais c'est dommage que ici là, il faut tout recommencer. Il faut oublier ce que vous étiez pour commencer une nouvelle vie ici. »

Bruit de rue, Ottawa

Bref, il y a un réel problème d'intégration économique pour les immigrants qualifiés qui arrivent au Canada.

Jeanne d'Arc Mukangarambe, conseillère en emploi : « Malgré toute cette bonne volonté, malgré le fait que la majorité arrive très qualifiée, ils ont du mal à trouver un emploi. Donc, il y a un lien qui ne se fait pas. »

Kerby Beaubrun : « On ne veut pas de nous. »

La frustration est grande chez Kerby. Pour lui, le Canada n'est pas prêt à intégrer les nouveaux arrivants. Le gouvernement dit-il, ne s'intéresse qu'aux enfants des immigrants qui deviendront de futurs diplômés canadiens.

Kerby Beaubrun : Les gens d'ici veulent nos enfants, c'est pas nous. Je sais pas quelle est la politique du Canada, mais je pense que c'est pour nos enfants. »

Prédicateur à l'église : « Oublier tous nos problèmes et nos difficultés... »

La prière aide Rénette à supporter les difficultés qu'elle rencontre à Ottawa. Même si les temps sont durs, elle refuse l'idée de retourner à son ancienne vie.

Rénette Beaubrun : « Oui, il ne passe pas un jour sans que je ne regrette ma situation chez moi, mais je dois avancer et non pas regarder en arrière, vous comprenez. »

Prédicateur à l'église : « Nous voulons te supplier de bénir d'une manière très spéciale le Canada et la ville d'Ottawa... »

Malgré ses défauts, le Canada reste une destination privilégiée pour les immigrants.

Rénette et son mari croient au rêve canadien et ne sont pas prêts à abandonner leurs espoirs d'une meilleure vie.

Kerby Beaubrun : « Ça va nous prendre du temps, sûrement, on va arriver. »

Rénette Beaubrun : « Vous faites les démarches nécessaires afin de réussir, vous réussirez, c'est sûr. On va réussir, on va s'en sortir, c'est sûr! »

Mama Afou, collège La Cité, à Ottawa.

(Musique)

Animatrice : Notre capsule ciné d'aujourd'hui nous fait découvrir *La Pirogue*. Pour en parler avec nous, nous avons Jesse. Bonjour Jesse.

Jesse : Bonjour.

Animatrice : Donc, raconte-nous l'histoire du film *La Pirogue*.

Jesse : Donc, *La Pirogue* c'est un film franco-sénégalais. Donc, la France a une coproduction : la France et le Sénégal. C'est l'histoire d'une communauté au Sénégal dans un petit village qui, à cause de la situation économique, la situation sociale, décide de quitter leur pays pour se rendre à l'Europe, ben en Europe. Donc, pour se rendre en Espagne, surtout. Et ils décident de faire ça avec une pirogue qui est un petit bateau de pêche. Donc, euh, il y a une couple de personnes qui vont vers une personne qui est en charge d'organiser le voyage, euh, illégalement, évidemment. Et qui, euh, doivent lui payer 350 $, si je me trompe pas, pour avoir une place sur le bateau. Donc, dès le départ, on voit que la situation est extrêmement précaire dans le village et aussi, on voit que le voyage qu'ils veulent entreprendre est pas vraiment sécuritaire. Euh, bon, je veux… c'est complètement illégal, je veux dire, ils veulent se réfugier en Espagne. Donc, il y a beaucoup de problèmes de départ. Le bateau est extrêmement petit, le capitaine est extrêmement jeune, il a pas vraiment d'expérience, pis on voit que ceux qui vont partir en voyage, ils ont pas vraiment confiance. Ils ont pas vraiment confiance en… dans la situation. Donc, on commence déjà avec la peur. Donc, on commence avec la peur, on sait pas qu'est-ce qui va arriver, on sait pas ça va être quoi nos vies en Espagne et on a vraiment aucune idée de qu'est-ce qui se passe. Euh, donc ils partent. Ils paient, ils partent vers l'Europe. Euh, c'est un voyage horrible. Il y a des tempêtes, il y en a un qui meurt, il y a plus d'essence vers la fin, il y a pas de bouffe, je veux dire, tout ce qui peut… Tout ce qui a de mauvais qui peut arriver est arrivé. Euh, ils commencent à se chicaner entre eux. Il y en a un qui se met à crier, qui capote, comme on dit. Donc, ils doivent le calmer. Je veux dire, il y a vraiment plein de problèmes qui se passent en même temps dans le bateau, pis c'est juste une situation vraiment horrible. Donc, ils arrivent aux îles Canaries, qui… des îles espagnoles. Ils arrivent finalement, ils réussissent à arriver. Ils sont reçus par la Croix-Rouge espagnole qui les aide, leur donne de la nourriture, leur donne du linge, vraiment, vraiment ils les accueillent comme il faut. Malheureusement, trois jours plus tard ils se font renvoyer par le gouvernement espagnol. Ils se font mettre sur un avion et ils doivent euh… ils se font expulser du pays, ils doivent retourner au Sénégal. Oui, donc, c'est un film extrêmement triste. On voit la réalité que vivent beaucoup de réfugiés qui décident d'aller en Europe. Il y a deux affaires que je trouve intéressantes. Premièrement, c'est un film qui a été tourné moitié en français, moitié dans les langues que parlaient les personnes qui étaient dans le bateau. Donc euh, ils utilisent le français comme une genre de langue commune pour communiquer entre eux. Euh, donc on voit comme une autre francophonie, on voit une autre partie de la francophonie qu'on voit pas d'habitude. T'sais on a tendance à penser que la francophonie c'est l'Amérique du Nord et l'Europe, mais dans le fond, la francophonie est mondiale, elle est universelle. Euh, du moins on parle en français dans plusieurs pays. Donc, ce qu'on voit ce côté-là, c'est intéressant. Et aussi, on voit un côté que… de la situation, des réfugiés, que les nouvelles nous montrent pas souvent. Donc, on voit le voyage. Plus souvent, on voit la situation dans le pays d'origine et on voit leur arrivée dans le pays d'accueil, mais on voit pas qu'est-ce qui se passe entre les deux. Et avec ce film-là, c'est évident la souffrance, pis les problèmes qu'on peut vivre entre…en voyage comme tel. On entreprend le voyage avec eux, c'est ça qui est intéressant du film. J'ai aimé, je vous le recommande. Euh, c'est lourd, quand même. C'est triste, mais ça nous permet de voir quelque chose de… d'actualité euh, d'une autre façon, donc d'une autre perspective.

Animatrice : Oui, donc l'actualité, on peut penser, euh, la situation syrienne, les réfugiés qui traversent des grandes étendues de la Méditerranée pour se rendre en Europe. Est-ce que tu crois qu'on peut faire le même lien? Que c'est une expérience que tu crois qui peut être semblable?

Jesse : Oui, j'imagine. Je veux dire, c'est pas une situation que j'ai vécue personnellement, mais, je veux dire, ça nous permet de comprendre un peu plus, de voir un autre côté, et c'est… Je veux dire, la réalité des réfugiés, c'est une réalité qu'on peut pas nécessairement comprendre étant dans un pays comme le nôtre, étant dans une situation, euh, stable économiquement et socialement. Donc, c'est quelque chose qu'on peut pas vraiment comprendre, pas vivre, mais à travers des représentations comme ça, donc à travers les films, on peut essayer de comprendre un peu plus et ça nous donne une meilleure idée de c'est quoi d'être réfugié dans le fond.

Myriam : Moi j'ai une question. Est-ce qu'ils donnent une raison pour leur déportation ou leur retour euh, ils sont juste refusés dans le pays dans le fond?

Jesse : Oui, oui, oui. Non, c'est pas vraiment clair. C'est juste…on comprend à la fin que…qu'ils doivent retourner.

Animatrice : Je suis contente qu'ils soient repartis en avion par contre. *(Rires)*

Jesse : Oui.

Animatrice : Ils auraient été obligés de reprendre la pirogue.

Myriam : J'aurais été vraiment triste qu'ils retournent en bateau.

Animatrice : Ça m'a l'air d'être un film qui nous aide à mieux s'imaginer tout le danger que ça amène. C'est pas seulement un danger dans le pays, mais c'est aussi un danger de sortir du danger. Donc, c'est perpétuel, pis même arrivés au pays ils ont pas… *(Jesse tente de parler)* Oui qu'est-ce que tu veux répondre?

Jesse : Ce que j'ai aimé, c'est que c'est pas la perspective du pays d'accueil. C'est la perspective de ceux qui l'ont vécu, des réfugiés.

Myriam : C'est carrément mieux.

Jesse : Oui.

Animatrice : Est-ce que tu crois que c'est quelque chose qui n'est pas assez abordé? Oui?

Jesse : Oui, absolument. Je trouve qu'on devrait… parce que, on n'entend pas leurs histoires vraiment. On… t'sais on les voit sur la télé… Quand ils arrivent pis qu'on parle de la situation à… pendant… après l'arrivée, mais je veux dire, se rendre, c'est toute une autre histoire.

Animatrice : Super intéressant. Ça mène à vous parler de notre unité, l'unité 9, qui est intitulée *Libertés à crédit*. Donc, l'unité nous mène à nous questionner sur les difficultés des jeunes et des nouveaux arrivants à se bâtir une vie dans notre société. Entre jeunes et nouveaux arrivants, c'est deux situations complètement différentes, mais ce sont deux situations où on commence une vie dans une société. Dans le reportage de Jérémie Bergeron, on rencontre différents jeunes qui étudient dans la région d'Ottawa et de Gatineau. Ce sont des jeunes aux prises avec des problèmes financiers assez lourds. Donc, que ce soit de la dette ou que ce soit des factures mensuelles importantes ou d'autres problèmes comme l'emploi, etc., on apprend pourquoi les jeunes sont endettés. Pourquoi est-ce qu'ils doivent demander un prêt à la banque, quelles solutions existent pour eux. Euh, on rencontre des spécialistes de finances ou des… des finances personnelles qui nous expliquent que non, la situation est pas impossible à réparer, mais ça va prendre beaucoup de détermination et beaucoup d'efforts. C'est intéressant de voir comment les jeunes débutent leur vie endettés, pis ils doivent quand même se battre pour s'en sortir alors qu'ils sont au début de leur vie. Euh, le reportage de Mama Afou se penche sur la vie d'une famille d'origine haïtienne qui est établie dans la région d'Ottawa-Gatineau. Pour eux, tout devient un défi. Il y a l'hiver, il y a le rythme de vie, les autobus, euh, attraper l'autobus, arriver à son rendez-vous à temps, etc. Tout est différent de ce que c'était pour eux à Haïti. Trouver un emploi pour eux, c'est vraiment LE défi le plus grand. Que ce soit en raison des équivalences d'éducation qui ne sont pas acceptées ou simplement avoir des contacts, c'est quelque chose de vraiment très très difficile pour eux. Dans les deux reportages de cette unité, on rencontre des personnes qui sont vraiment motivées à améliorer leur situation, mais qui éprouvent des difficultés vraiment énormes. Ça peut sembler presque insurmontable. Donc, je me demandais : quels liens entre le film décrit par Jesse et les reportages présentés dans cette unité pouvez-vous faire?

Myriam : Bien la situation financière des jeunes, ben on est tous aux études. Je pense que ça, que ça peut quand même toucher de près la plupart d'entre nous. Personnellement, c'est… c'est quand même cher les études, puis c'est sûr que, bon là je gradue bientôt, et puis je vais devoir commencer ma vie avec des dettes évidemment. Puis je peux quand même m'identifier au premier reportage. Au fait de bon, c'est quand même une charge lourde à emporter sur soi quand on est jeune. On veut commencer notre vie. Je peux quand même faire un parallèle avec le film. Bon, il y a une charge lourde. Euh, toute leur histoire est quelque chose d'horrible, ils veulent recommencer à neuf, mais ils ont de la difficulté, ils ne sont pas capables finalement. Euh, ils sont carrément refusés. Et donc, je peux voir quand même le lien entre les deux. Deux situations complètement différentes, mais qui ont quand même un point sémantique.

Raphaël : Bien pour ma part, je peux dire, avec très grande facilité, que, simplement la sortie du secondaire pour énormément de jeunes, c'est quelque chose qui peut être très difficile. Euh, pis je dis ça parce que ce qui semble être relativement simple au début, ou du moins ce qui est euh, on a un gabarit quand on sort du secondaire par exemple. C'est que, on va à l'université, on se trouve un programme qu'on aime, et ça s'arrête là. T'sais la vie continue, voilà. Mais finalement, à la sortie du secondaire, on se rend compte que la vie c'est beaucoup plus que juste, nécessairement, l'université. Dans mon cas à moi en particulier, ça s'est avéré complètement vrai. J'ai exploré beaucoup d'autres choses que l'université. J'ai pris les sentiers moins conventionnels si vous voulez et j'en connais d'autres qui ont fait la même chose, ou encore qui se sont vus arriver à l'université et qui ont réalisé que ce n'était vraiment pas ce qu'ils pensaient, ou du moins ce à quoi ils s'attendaient. Je m'imagine que pour un nouvel arrivant, qu'il soit immigré ou peu importe, ça peut être une situation très similaire aussi. Il y a un, un… il y a tous les espoirs, il y a toutes les attentes qui viennent avec l'arrivée dans un nouveau pays et là, tout d'un coup vlan, on arrive et on lui dit : « Ah, ben, tes diplômes, ils sont pas reconnus. Il va falloir que t'apprennes une nouvelle langue, il va falloir que tu attendes pour un loyer, il va falloir que… ». Donc, je pense que c'est quelque chose… C'est, simplement c'est un rappel de ce que c'est la vie. C'est quelque chose d'imprévisible. C'est quelque chose que malgré les attentes, malgré les idées pis les espoirs qu'on peut avoir face à ce que c'est, ça va toujours être différent. Peu importe, il y a toujours quelque chose d'inattendu qui va arriver. Toutefois, c'est pas insurmontable. C'est ça qu'il faut… la chose importante qu'il faut… de laquelle il faut se rappeler c'est vraiment que, avec le temps, avec de la patience et de la détermination, on peut surmonter ces obstacles-là et on peut arriver, finalement, à atteindre notre objectif même si c'est pas la belle voie dorée à laquelle on s'attendait nécessairement.

Jesse : Absolument. Oui, parce que dans les deux cas, euh, ils ont des attentes, comme t'as dit, euh, souvent on se fait des idées de ça va être quoi notre avenir. Je veux dire, c'est un saut vers l'inconnu. Je veux dire, on sait pas dans quoi on est en train de se mettre, donc on se crée des images, on se crée des idées, euh, de qu'est-ce que ça va être, puis c'est pas toujours le cas… je veux dire c'est pas toujours comme qu'on se l'imaginait quand on était petit, ou c'est pas toujours que… je veux dire, quand on change de pays, c'est pas toujours comme on se l'imaginait quand on était dans notre pays d'origine. Donc, dans les deux cas, c'est un saut vers l'inconnu, pis dans les deux cas il faut aussi se créer une communauté. Il faut aussi se trouver des euh, se faire des rapports avec les… avec la communauté dans laquelle on se trouve. Pis aussi savoir dans quelle, de quelle façon cette communauté peut nous aider.

Animatrice : Donc ça, c'est quelque chose que vous vivez. Est-ce que vous avez tous eu à peu près à bâtir un cercle?

Myriam : Bien oui.

Jesse et Raphaël : Oui, parce qu'il faut se bâtir un réseau de…

Myriam : En première année, t'arrives pis tout le monde est inconnu ou presque. Pis il faut commencer à parler aux gens. « Hey, est-ce que t'as fait le devoir? » (*Rires*), etc. Il faut pouvoir commencer à bâtir des liens, pis on apprend lentement aussi. T'sais au secondaire on est… souvent on est allé à l'école avec les mêmes personnes, pis à l'université là, t'arrives avec des gens de différentes cultures, religions. Il faut comme établir des liens avec eux, hum qui, finalement, sont utiles à la fin pour différentes raisons. Les emplois, les occasions dans la communauté… Donc, utiles et difficiles à acquérir.

Raphaël : Bien je pense que c'est aussi important quand tu…, comme quand par exemple si on rentre à l'université en première année, oui il y a beaucoup de gens autour de nous qu'on ne connaît pas, etc. Mais il faut se dire qu'eux aussi ils sont dans le même bateau que nous autres. *(Rires)*

Jesse : Oui

Myriam : Oui, exactement, on est dans le même bateau!

(Rires)

Raphaël : On est jamais seul finalement, dans cette situation.

Myriam : C'est comme une pirogue.

Raphaël : Et voilà, et voilà!

Jesse : Tout le monde est dans la même pirogue.

Animatrice : On est tous sur la même pirogue.

Myriam : Il y a des dangers. Tout ce que tu penses qui pourrait arriver va arriver…

Raphaël : Et voilà.

Myriam : Il y a des attentes…, ouais, c'est ma vie.

Animatrice : Bon, sur ce, merci beaucoup à tous d'avoir discuté de ce film avec nous. C'était notre dernière capsule. Je vous remercie Myriam, Jesse et Raphaël d'avoir participé. Au plaisir de rediscuter avec vous de cinéma et de défis de la vie.

Myriam, Raphaël et Jesse : Merci beaucoup!

Raphaël : Bonne journée!

(Musique)

Images

Menu : Wikipedia Commons

Plume (dans toutes les unités où cette image apparaît) : Wikipedia Commons

Microscope : www.pixabay.com

Caducée : www.pixabay.com

Bernard Pivot : Wikipedia commons, Asclepias

Logo de la nouvelle orthographe : www.nouvelleorthographe.info

Michaëlle Jean : Wikipedia Commons, Roosewelt Pinheiro/ABr – Agência Brasil

Bernard Cerquiglini : Wikipedia Commons, Paulabdelnour (Bernar Cerquiglini)

Jean-Baptiste Poquelin : Nicolas Mignard – www.lessing-photo.com

Jeanne Pelat : www.lavoixdunord.fr

Oiseau twitter : www.pixabay.com

Têtes de dos : www.un.org/fr/events/interfaithharmonyweek/index.shtml

Affiche journée zéro discrimination : www.unaids.org/fr/resources/campaigns/2016_zerodiscriminationday/materials.

Loupe (dans toutes les unités où cette image apparaît) : Wikipedia Commons

Les autres images ont été tirées des reportages de La Cité collégiale présentés dans ce manuel.

Textes supplémentaires unité 1

Texte 1 : « Le retour du Fruixi : la lutte aux marécages alimentaires », *CHUMagazine*, vol. 3, n° 3, 2012.

Texte 2 : Elizabeth McSheffrey. « Une professeure de l'Université d'Ottawa parle des politiques en matière de pêche lors de la table ronde Pensez alimentation durable », *La Gazette de l'Université d'Ottawa* [En ligne], 16 novembre 2011, URL : http://www.gazette-dev.uottawa.ca/fr/2011/11/une-professeure-de-luniversite-dottawa-parle-des-politiques-en-matiere-de-peche-lors-de-la-table-ronde-pensez-alimentation-durable/ (page consultée le 9 mai 2016).

Extrait « Les écoquartiers ont 20 ans » : Benoît Chartier. « Les éco-quartiers ont 20 ans », *L'itinéraire*, vol. 22, n° 23, 2015, p. 24.

Textes supplémentaires unité 2

Texte 1 : *CHUMagazine*, vol. 5, n° 3, 2014, p. 8 – 9.

Texte 2 : Laura Eggertson. « Jusqu'à la moelle des os : la science de l'ère spatiale », *Tabaret* [En ligne], URL : http://www.uottawa.ca/tabaret/fr/content/jusqua-moelle-os-science-lere-spatiale

Citation page 41 : Darold Treffert. « Du génie par accident », *Pour la Science*, n° 460, février 2016, p. 36.

Extrait 1 : Marcel Godin, *La petite vieille aux coquillages*, Nouvelles du Québec, 5ᵉ éd. Nouvelles choisies et annotées par K.T. Brearley et R.B. McBride (1992), Prentice-Hall Canada Inc., p. 65–67 sur 260.

Textes supplémentaires unité 3

Extrait 1 : Bernard Pivot. *Les mots de ma vie*, Paris, Éditions Albin Michel, 2011, 368 p.

Définition de « clanpin » : www.cnrtl.fr

Extrait « L'importance de l'article 23 » : Programme d'appui aux droits linguistiques (PADL), www.padl-lrlp.uOttawa.ca.

Texte 1 : Martin Brunette. « Partenariat français pour La Cité », *Le Droit* [En ligne], 12 février 2016, URL : http://www.lapresse.ca/le-droit/actualites/education/201602/12/01-4950263-partenariat-francais-pour-la-cite.php.

Texte 2 : Rhea Laube. « Chante-moi ta langue seconde », *Tabaret*, septembre 2014, URL indisponible.

Textes supplémentaires unité 4

Texte 1 : L'équipe de l'information des Gee-Gees. « Les Jeux parapanaméricains ont une signification bien spéciale pour Camille Bérubé », *La Gazette de l'Université d'Ottawa* [En ligne], 4 août 2015, URL : https://www.uottawa.ca/gazette/fr/nouvelles/jeux-parapanamericains-ont-signification-bien-speciale-camille-berube (page consultée le 7 mai 2016).

Texte 2 : Linda Scales. « Passe parfaite pour la santé mentale », *La Gazette de l'Université d'Ottawa* [En ligne], 15 décembre 2015, URL : http://www.uottawa.ca/tabaret/fr/content/passe-parfaite-sante-mentale (page consultée le 9 mai 2016).

Extrait du livre *Résiste! Une vie dans un corps que je n'ai pas choisi*. Marie Vandekerkhove, « Lezennes : Jeanne Pelat, atteinte de myopathie, raconte la vie dans ce corps qu'elle n'a pas choisi », *La Voix du Nord* [En ligne], 1er novembre 2015, URL : http://www.lavoixdunord.fr/region/lezennes-jeanne-pelat-atteinte-de-myopathie-raconte-la-ia28b50433n3135512.

Textes supplémentaires unité 5

Extrait de « Christian de Chergé » : www.moines-tibhirine.org/les-7-freres/les-7-freres-assassines/frere-christian.html.

Texte 1 : Brandon Gillet. « Une étudiante à l'image corporelle étonnamment positive », *La Gazette de l'Université d'Ottawa* [En ligne], 6 janvier 2016, URL : https://www.uottawa.ca/gazette/fr/nouvelles/etudiante-limage-corporelle-etonnamment-positive (page consultée le 16 mai 2016).

Texte 2 : Johanne Adam, « Œuvrer pour la diversité et l'inclusion », *La Gazette de l'Université d'Ottawa* [En ligne], 12 janvier 2016, URL : http://www.uottawa.ca/gazette/fr/nouvelles/oeuvrer-diversite-linclusion.

Textes supplémentaires unité 6

Texte 1 : Sophie Bartczak. « Un peu de répit pour les aidants ! », *Psychologies* [En ligne], octobre 2015, URL : http://www.psychologies.com/Planete/Solidarite/Articles-et-Dossiers/Un-peu-de-repit-pour-les-aidants (24 avril 2016).

Texte 2 : Margaux Rambert. « Anne-Sophie Panseri, dirigeante : "ma politique anti-présentéiste" », *Psychologies* [En ligne], juillet 2013, URL : http://www.psychologies.com/Travail/Souffrance-au-travail/Stress-au-travail/Articles-et-Dossiers/Travail-attention-au-presenteisme/Anne-Sophie-Panseri-dirigeante-ma-politique-anti-presenteiste (24 avril 2016).

Textes supplémentaires unité 7

Texte 1 : Aida Stratas. « Une professeure ouvre les portes de son foyer à une famille syrienne », *La Gazette de l'Université d'Ottawa* [En ligne], février 2016, URL : https://www.uottawa.ca/gazette/fr/nouvelles/professeure-ouvre-portes-son-foyer-famille-syrienne.

Texte 2 : Valérie Péronnet. « Je suis devenue psychiatre militaire », *Psychologies* [En ligne], octobre 2012, URL : http://www.psychologies.com/Therapies/Toutes-les-therapies/Therapeutes/Articles-et-Dossiers/Je-suis-devenue-psychiatre-militaire/4Seul-on-n-est-rien.

Textes supplémentaires unité 8

Texte 1 : Yanick Barrette. « Entre la rue et la prison », *Ricochet* [En ligne], janvier 2015, URL : https://ricochet.media/fr/307/entre-la-rue-et-la-prison.

Texte 2 : Louise Umutoni. « Combattre la pauvreté chez les jeunes, un quartier à la fois », *La Gazette de l'Université d'Ottawa* [En ligne], octobre 2013.

Textes supplémentaires unité 9

Texte 1 : Louis de Melo et Mike Foster. « L'entrepreneur philanthrope », *Tabaret* [En ligne], décembre 2014, URL non disponible.

Texte 2 : Jean-Philippe Cipriani. « Littérature migrante », *Ricochet* [En ligne], 14 septembre 2015, URL : https://ricochet.media/fr/587/litterature-migrante (24 avril 2016).

Table des matières

3	**RSVP EN FRANÇAIS**	
	Thèmes : Études et attitudes pour vivre la francophonie	

Reportages :
— Un choix important
— En français s'il vous plaît

4	**MOI AUSSI J'EXISTE** *Thèmes : Le handicap, source d'inspiration* Reportages : — Même heure, même poste — Prisonnière de moi-même	
		Pages
Mise en contexte – Dossier A		
Savoir-Faire Lexique – compréhension		73–74
Savoir-Faire Lexique – expansion – partage		74–75
Compréhension orale, reformulation, discussion		75–76
Compréhension de l'écrit : détails, complexité, reformulation		76–78
Actes de parole et écriture (1, 2, 3)		79–80
Mise en contexte – Dossier B		
Compréhension orale et reformulation		81
Compréhension de l'écrit : détails, complexité, reformulation		82–83
Quartet discute – Compréhension orale et reformulation		84–85
Tâche fictive – authentique – Actes de parole – écriture		86–88
Compétences plus selon le CARAP : Les savoirs-être		89

5	REGARDS *Thèmes : Identités, découvertes et altérités* Reportages : — Le converti — D'elle à lui	
		Pages
	Mise en contexte – Dossier A	
	Savoir-Faire Lexique – compréhension	91–92
	Savoir-Faire Lexique – expansion – partage	92–93
	Compréhension orale, reformulation, discussion	95–96
	Compréhension de l'écrit : détails, complexité, écriture	96–97
	Mise en contexte – Dossier B	
	Compréhension de l'écrit : détails, complexité, écriture	98–100
	Compréhension orale et reformulation	100–101
	Savoir-Faire Lexique – compréhension – expansion	102
	Compréhension de l'écrit : détails, complexité, reformulation	102–104
	Quartet discute – Compréhension orale et reformulation	104
	Tâche fictive – authentique – Actes de parole – écriture	105–106
	Compétences plus selon le CARAP : Les savoirs-être	107

7 | **POUR LA VIE**
Thèmes : Au service des autres, sacrifice et engagement

Reportages :
— Seule pour aimer
— Soldat un jour, soldat toujours

	Pages
Mise en contexte – Dossier A	
Savoir-Faire Lexique – exploration et partage	125–126
Compréhension orale, reformulation, discussion	127
Savoir-Faire Lexique – expansion – partage	127–128
Actes de parole et écriture (1, 2, 3)	128–129
Tâche fictive – authentique – Actes de parole – écriture (4, 5, 6)	129–130
Compréhension de l'écrit : détails, complexité, écriture	131–132
Mise en contexte – Dossier B	
Quartet discute – Compréhension orale et reformulation	133
Actes de parole et écriture (1, 2, 3)	133–135
Compréhension de l'écrit : détails, complexité, écriture	135–136
Tâche fictive – authentique – Actes de parole – écriture	137–138
Compétences plus selon le CARAP : Les savoirs	139

CPSIA information can be obtained
at www.ICGtesting.com
Printed in the USA
LVOW05s1417261217
560705LV00001B/1/P